ストーリーを楽しむ！

日本語
初級読解

上田美紀 Miki UEDA
渡辺民江 Tamie WATANABE

ホワイトさんと
ティーナさんのお話

Enjoy the Story!
Beginner Level Japanese Reading Comprehension
The Story of Mr. White and Tina

国書刊行会

はじめに

　本書は、初級日本語学習者（N5～N4レベル）のための読解教材です。本来「読み」とは楽しいものであるはずです。ところが、ほとんどが文法・語彙の理解力向上および読みの技術の向上を目的とした従来の教材からは、学習者の「読みたい」という積極的な意欲は生まれにくいと感じてきました。そこで、初級学習者にも読みの楽しさを感じてもらえるものを目指して、この読解教材を開発しました。

　本書の特徴は以下のとおりです。

- 初級学習者対象で、文章中の文法項目の提出順に配慮しています。
- 授業での精読教材としても、独習教材としても使えます。
- 一話完結の読み物ですが、全体を通してストーリー性がありドラマ仕立てになっています。
- 練習問題「考えてみよう」では、学習者が登場人物の一人になったかのように感じられる工夫をしています。内容確認だけでなく、学習者が自由に回答できる問題も含まれています。
- 練習問題「ことばと表現」では、初級文法項目の学習ができるようになっています。

　本書を完成させる前には、留学生の皆さんに試用していただき、様々な感想をいただきました。それにより、本教材の方向性と有効性を確認することができました。出版にあたっては、株式会社国書刊行会編集部の佐藤純子さんに大変お世話になりました。ここに深く感謝いたします。
　本書を手にした学習者の皆さんが、一章読み進めるごとに「次が読みたい」と感じながら、学習できることを願っています。

2019年5月

上田美紀・渡辺民江

もくじ

はじめに

この本の使いかた

Chapter 1 わたしはホワイトです　10

Chapter 2 ホワイトさんの一週間　14

Chapter 3 ティーナさんのプレゼント　18

Chapter 4 ホワイトさんの病気　22

Chapter 5 ゴールデンウィーク　26

Chapter 6 友達のマリアさん　30

Chapter 7 京都旅行　34

Chapter 8 ティーナさんの誕生日　38

Chapter 9 6時までに出してください　42

Chapter 10 初めて会議に出ます　46

Chapter 11 二人で食事に行きましょう　50

Chapter 12 ホワイトさんに会っていません　54

Chapter 13 一人で清住市へ行きます　58

Chapter 14 友達だと言いました　64

Chapter 15	悩んでいます 70
Chapter 16	国へ帰ります 76
Chapter 17	お土産を買いに行きます 82
Chapter 18	なぐさめられました 88
Chapter 19	さびしかったんです 94
Chapter 20	婚活パーティーに行ってみます 100
Chapter 21	洋室にしていただけませんか 106
Chapter 22	結婚式の準備 112
Chapter 23	結婚式 118
Chapter 24	新婚旅行 124
Chapter 25	新しい生活 130

ふろく

単語リスト 138

表現リスト 163

文法リスト 167

この本には別冊解答がついています。

この本の使いかた

　本書は、初級日本語学習者（N5〜N4レベル）のための、読解教材です。Chapter（本文）、練習問題（「考えてみよう」・「ことばと表現」）と、ふろく（「語彙リスト」・「文法リスト」・「表現リスト」）、別冊解答で構成されています。精読教材としても、学習者の独習教材としても使えるように工夫されています。読解の授業、宿題、副教材等、様々な用途で使うことができます。

　この本の第一の目的は、「読み」の楽しさを感じてもらうことです。そのため、学習者の皆さんは、多少わからない部分があっても、読み進めてストーリーを楽しんでください。どうしてもわからない場合は、ふろく「単語リスト」を見ながら読んでみてください。

Chapter（本文）

　1から25まで、Chapterごとに話が完結していますが、全体を通してストーリーがあり、楽しく読むことができます。

　また、文章中には、初級日本語学習者向けに文法項目が使われていて、文法の勉強にも活用できます。

　各Chapterの最初に出ている漢字にはふりがながついています。ふりがなは下付けになっており、読みの練習ができます。初級読解教材ではありますが、読み物であるということから、文章の読みやすさ・見やすさを考慮し、漢字かな混じり文にしてあります。

❓ 考えてみよう

　本文の内容を確認する問題です。選択問題と文章を書いて答える問題があります。Chapter4 からは、「どう思いますか」という自由記述の問題があり、学習者がストーリーの参加者になってさらに発想を展開する手助けをしています。絵を描く問題等もあり、想像力を膨らませながら学習を進めることができます。

　「完全な文で答えましょう」という問題については、解答例が別冊解答にまとめてあります。「どう思いますか」といった、自由記述の問題は、クラスで話し合うといった、ピア活動にも使用できます。ストーリーに刺激された学習者の想像力を引き出すためのものですから、解答はありません。

✏️ ことばと表現

　本文に出ている初級文法項目や語彙の確認ができます。「ことばと表現」は別冊に解答があります。初級学習者対象の教材のため、既習項目を意識した解答になっています。

＊ふろく

　「単語リスト」は、各 Chapter の新出語彙をまとめたリストです。英語・中国語・韓国語・ベトナム語の翻訳があります。「表現リスト」は、本文に出てきた形式発話として学習できる表現をまとめたもので、「単語リスト」と同じく翻訳があります。本文に提出した「文法リスト」があります。「文法リスト」には翻訳はありません。

このお話の主な登場人物

ホワイトさん

ティーナさん

ようこさん

コソルさん

マリアさん

田中部長

鈴木先生

Chapter 1 わたしはホワイトです

ここは駅の近くの喫茶店です。
　　えき　ちか　　きっさてん

コソル　　：すみません。ここ、いいですか。

ホワイト：はい、どうぞ。

コソル　　：あのー、わたしはタイ人です。どうぞよろしく。
　　　　　　　　　　　　　　　じん

ホワイト：はじめまして。わたしはホワイトです。アメリカ人です。

コソル　　：わたしは富士大学の学生です。
　　　　　　　　　　ふじだいがく　がくせい

　　　　　　ホワイトさんも学生ですか。

ホワイト：いいえ、わたしは学生じゃありません。

　　　　　　会社員です。会社の名前は「セブン」です。
　　　　　　かいしゃいん　　かいしゃ　なまえ

コソル　　：セブン？　車の会社ですか。
　　　　　　　　　　　　くるま

ホワイト：いいえ、車の会社じゃありません。カメラの会社です。

コソル　　：そうですか。

　　　　　　ホワイトさんはおいくつですか。

ホワイト：わたしは26歳です。
　　　　　　　　　　　　さい

読んだ日　　　年　　　月　　　日

コソル　：わたしは24歳です。

　　　　　それは、ホワイトさんの会社のカメラですか。

ホワイト：そうです。

コソル　：わあー、いいですねえ。

　　　　　それはいくらですか。

ホワイト：56,000円です。

　　　　　社員は38,500円です。

コソル　：いいですねえ。

ホワイト：友達も38,500円ですよ。

考えてみよう

問題1 正しいものに○をつけましょう。

❶ ホワイトさんはタイ人ですか。

(　　) a　はい、そうです。タイ人です。
(　　) b　いいえ、違います。アメリカ人です。

❷ コソルさんは学生ですか。

(　　) a　はい、そうです。富士大学の学生です。
(　　) b　はい、そうです。セブンの学生です。
(　　) c　いいえ、違います。富士大学の会社員です。
(　　) d　いいえ、違います。セブンの会社員です。

❸ セブンは何の会社ですか。

(　　) a　車の会社です。
(　　) b　カメラの会社です。
(　　) c　富士大学の会社です。

問題2 完全な文 (full sentence) で答えましょう。

❶ ホワイトさんは何歳ですか。

------

❷ ホワイトさんのカメラはいくらですか。

ことばと表現

問題1 正しいものに○をつけましょう。

❶ わたし　に・で・は・の　キムです。

❷ わたし　に・で・は・の　大学　に・で・は・の　学生です。
　山田さん　に・で・も・の　大学　に・で・も・の　学生です。

❸ わたし　に・で・は・の　アメリカ人　じゃ・には・ない　ありません。

❹ これは、山田さん　に・で・は・の　かばんです。

問題2 読みかたを書きましょう。

❶ 250円　　_____

❷ 1,600円　_____

❸ 38,000円　_____

❹ 29歳　　 _____

❺ 18歳　　 _____

Chapter 2 ホワイトさんの一週間

ホワイトさんは、去年一人で日本へ来ました。

ホワイトさんのアパートは清住市です。

家から会社まで自転車で行きます。

会社は月曜日から金曜日までです。

朝9時から夕方5時まで、働きます。

日本人と一緒に働きます。

午前は鈴木先生と日本語を勉強します。午後はオフィスで働きます。

毎日、ことばと文法を覚えます。

ホワイトさんの恋人は、ティーナさんです。

ティーナさんはインドネシア人です。

ホワイトさんとティーナさんは、アメリカの同じ大学を卒業しました。

一緒に日本語を勉強しました。

ティーナさんのアパートは、和楽市です。

ティーナさんは、和楽市の「さくら英会話」の先生です。

読んだ日　　年　　月　　日

ホワイトさんは、週末、電車とバスでティーナさんのアパートへ行きます。

先週の週末、二人で公園へ行きました。

公園でさくらを見ました。一緒にお弁当を食べました。

ホワイトさんは、去年、日本で一人でした。

先月、ティーナさんが日本へ来ました。今は、一人ではありません。

二人は来年、日本で結婚します。

考えてみよう

問題1 正しいものに○をつけましょう。

❶ ティーナさんはアメリカ人ですか。
　（　　）a　はい、そうです。アメリカ人です。
　（　　）b　いいえ、違います。タイ人です。
　（　　）c　いいえ、違います。インドネシア人です。

❷ ティーナさんは学生ですか。
　（　　）a　はい、そうです。富士大学の学生です。
　（　　）b　いいえ、違います。セブンの会社員です。
　（　　）c　いいえ、違います。「さくら英会話」の先生です。

❸ ホワイトさんは、何で会社へ行きますか。
　（　　）a　歩いて行きます。
　（　　）b　自転車で行きます。
　（　　）c　電車とバスで行きます。

問題2 完全な文 (full sentence) で答えましょう。

❶ ホワイトさんは、毎日何時から何時まで働きますか。

　--

❷ ホワイトさんは、午前は何をしますか。

　--

❸ 先週の週末、ホワイトさんとティーナさんは、どこで、何をしましたか。

　--

ことばと表現

問題1 （　）にことばを入れましょう。

❶ 月曜日（　　　）金曜日まで働きます。

❷ 一人（　　　）勉強します。

❸ 山田さん（　　　）一緒に公園（　　　）行きます。

❹ 飛行機（　　　）日本（　　　）来ました。

❺ スーパー（　　　）野菜（　　　）買いました。

問題2 読みかたを書きましょう。

❶ 日曜日　_____

❷ 月曜日　_____

❸ 火曜日　_____

❹ 水曜日　_____

❺ 木曜日　_____

❻ 金曜日　_____

❼ 土曜日　_____

❽ 午前7時　_____

❾ 午後4時　_____

❿ 夕方6時　_____

Chapter 3　ティーナさんのプレゼント

　もうすぐティーナさんの誕生日です。ホワイトさんは、去年、ティーナさんに何もあげませんでした。今年は、プレゼントをあげます。

　ホワイトさんは、コソルさんに電話をかけました。

ホワイト　：もしもし、ホワイトです。こんにちは。

コソル　　：こんにちは。

ホワイト　：コソルさん、もうすぐ、ティーナさんの誕生日です。

コソル　　：そうですか。

　　　　　　もう、プレゼントを買いましたか。

ホワイト　：いいえ、まだです。

コソル　　：何をあげますか。

ホワイト　：まだ、わかりません。

　　　　　　わたしは、明日、デパートへ行きます。

　　　　　　コソルさん、一緒に行きませんか。

コソル　　：いいですよ。行きましょう。

| 読んだ日 | 年　月　日 |

ホワイト：じゃあ、明日、5時半に地下鉄の駅で会いましょう。

コソル　：はい。じゃあ、明日。

　ホワイトさんとコソルさんは、一緒にデパートへ行きました。二人でいろいろな物を見ました。

　ホワイトさんは、ネックレスを買いました。15,600円でした。ホワイトさんは、コソルさんに5,000円借りました。

　ホワイトさんは、夜、ティーナさんに日本語でカードを書きました。プレゼントとカードをあげます。

考えてみよう

問題1 正しいものに○をつけましょう。

❶ ホワイトさんは、去年、ティーナさんに誕生日のプレゼントをあげましたか。

（　　）a　はい、あげました。
（　　）b　いいえ、あげませんでした。

❷ ホワイトさんは、一人でデパートへ行きましたか。

（　　）a　はい、一人で行きました。
（　　）b　いいえ、コソルさんと行きました。
（　　）c　いいえ、ティーナさんと行きました。

問題2 完全な文 (full sentence) で答えましょう。

❶ ホワイトさんは、プレゼントに何を買いましたか。

----

❷ プレゼントはいくらでしたか。

----

❸ ホワイトさんは、プレゼントと一緒に何をあげますか。

✏️ ことばと表現

問題1 （　）にことばを入れましょう。

❶ わたしは友達（　　）プレゼント（　　）あげます。

❷ わたしは先生（　　）本（　　）もらいました。

❸ 友達（　　）電話（　　）かけました。

問題2 （　）にことばを入れましょう。

❶ もう、宿題をしましたか。―― いいえ、（　　　　）です。

❷ もう、昼ご飯を食べましたか。―― はい、（　　　　）食べました。

❸ もう、田中さんに会いましたか。―― いいえ、（　　　　）です。

問題3 正しい形に変えましょう。

❶ 会います　→　＿＿＿＿＿＿＿＿＿　ましょう

❷ 食べます　→　＿＿＿＿＿＿＿＿＿　ましょう

❸ 勉強します　→　＿＿＿＿＿＿＿＿＿　ましょう

❹ 行きます　→　＿＿＿＿＿＿＿＿＿　ませんか

❺ 買います　→　＿＿＿＿＿＿＿＿＿　ませんか

Chapter 4 ホワイトさんの病気

　ホワイトさんは、今朝、何も食べませんでした。何も飲みませんでした。ホワイトさんは、今日、ぜんぜん元気がありません。

鈴木先生：ホワイトさん、今日はどうしましたか。

ホワイト：先生、すみません。頭が痛いです。

鈴木先生：それはいけませんね。熱はありますか。

ホワイト：はい、少しあります。

鈴木先生：じゃあ、これから、病院へ行きましょう。
　　　　　わたしも一緒に行きますから、大丈夫ですよ。

ホワイト：ありがとうございます。お願いします。

　鈴木先生とホワイトさんは、タクシーで病院へ行きました。ホワイトさんは、病院で薬をもらいました。それから、家に帰りました。午後は会社を休みました。夜、ホワイトさんは、ティーナさんに電話をかけました。

| 読んだ日 | 年　月　日 |

ホワイト：もしもし、ティーナさん。

ティーナ：ホワイトさん、どうしましたか。元気がありませんね。

ホワイト：かぜをひきました。熱も少しあります。

ティーナ：えーっ。心配ですね。病院へ行きましたか。

ホワイト：はい、鈴木先生と一緒に行きました。薬ももらいました。

ティーナ：そうですか。じゃあ、大丈夫ですね。

ホワイト：まだ、熱があります。

何も食べませんでしたから、元気がありません。

わたしは、ティーナさんの料理が好きです……。

ティーナ：今日も、明日も、忙しいですから……。

じゃあ、おやすみなさい。

? 考えてみよう

問題 1 正しいものに○をつけましょう。

❶ どうして、ホワイトさんは、元気がありませんか。

( ) a 日本語の勉強が難しいですから。
( ) b 熱がありますから。
( ) c 仕事が嫌いですから。
( ) d ティーナさんの料理を食べませんから。

問題 2 完全な文 (full sentence) で答えましょう。

❶ ホワイトさんは、午後、仕事をしましたか。

------

❷ それ（❶）は、どうしてですか。

問題 3 どう思いますか。(What do you think?)

❶ 鈴木先生は、どんな先生ですか。

------

❷ ティーナさんは、どんな人ですか。

ことばと表現

問題1　(　　)にことばを入れましょう。

❶ 元気（　　　）ありません。

❷ おなか（　　　）痛いです。

❸ かぜ（　　　）ひきました。

❹ アニメ（　　　）好きです。

❺ 熱（　　　）あります。

❻ 昨日、大学（　　　）休みました。

問題2　(　　)のことばを、正しい形に変えましょう。

❶ 何も（食べます）→ _____

❷ テレビをぜんぜん（見ます）→ _____

❸ 昨日、少し（勉強します）→ _____

❹ 去年の誕生日に、何も（もらいます）→ _____

Chapter 5　ゴールデンウィーク

四月の終わりからゴールデンウィークです。今月、ティーナさんは、どこへも行きませんでした。ホワイトさんは、ティーナさんに旅行をプレゼントします。

ホワイト　：ティーナさん、ゴールデンウィークに京都へ行きませんか。

ティーナ　：京都？　うわー、いいですね。行きましょう。

ホワイト　：古いお寺や神社や公園などがあります。きれいな町ですよ。

ティーナ　：はい、とても有名です。

　　　　　　何で行きますか。

ホワイト　：新幹線で行きます。

　　　　　　わたしは京都が好きですから、もう三回も行きました。

ティーナ　：すごいですねえ。

ホワイト　：五月二日と三日の、一泊二日はどうですか。

ティーナ　：えーっと……。二日はちょっと……。

ホワイト　：じゃあ、三日と四日はどうですか。

| 読んだ日 | 年 | 月 | 日 |

ティーナ：ええ、大丈夫ですよ。

ホワイト：三日と四日は連休ですから、人が多いです。

早く新幹線の切符を買いましょう。

それから、ホテルも予約しましょう。

ティーナ：わたしはよくわかりませんから、お願いします。

楽しみですね。

ホワイト：わかりました。これから、旅行会社へ行きます。

ホワイトさんは、大きい旅行会社へ行きました。新幹線の切符を二枚買いました。でも、ホテルはどこも空室がありませんでした。

考えてみよう

問題1 正しいものに○をつけましょう。

❶ ホワイトさんとティーナさんは、いつ、京都へ行きますか。

（　　）a　五月一日と二日です。
（　　）b　五月二日と三日です。
（　　）c　五月三日と四日です。

❷ どうして、ホテルに空室がありませんか。

（　　）a　京都は有名な町ですから。
（　　）b　連休ですから。
（　　）c　古いお寺や神社がありますから。

問題2 完全な文 (full sentence) で答えましょう。

❶ 京都に何がありますか。

　　---

❷ 京都はどんな町ですか。

問題3 どう思いますか。(What do you think?)

❶ ホテルに空室がありません。あなたはどうしますか。

✏️ ことばと表現

問題1 正しい数えかたに○をつけましょう（二つ○をつけるものもあります）。

❶ お弁当（べんとう）　　一つ（ひと）　・　一枚（いちまい）　・　一本（いっぽん）　・　一個（いっこ）　・　一人（ひとり）

❷ ボールペン　　二つ（ふた）　・　二枚（にまい）　・　二本（にほん）　・　二個（にこ）　・　二人（ふたり）

❸ 紙（かみ）　　三つ（みっ）　・　三枚（さんまい）　・　三本（さんぼん）　・　三個（さんこ）　・　三人（さんにん）

❹ 学生（がくせい）　　四つ（よっ）　・　四枚（よんまい）　・　四本（よんほん）　・　四個（よんこ）　・　四人（よにん）

問題2 （　）のことばを、正しい形に変えましょう。

❶（楽しいです）＋ 映画　＿＿＿＿＿＿＿＿＿＿＿＿＿＿＿＿＿

❷（元気です）＋ 子ども　＿＿＿＿＿＿＿＿＿＿＿＿＿＿＿＿＿

❸（面白いです）＋ ゲーム　＿＿＿＿＿＿＿＿＿＿＿＿＿＿＿＿＿

❹（有名です）＋ 人（ひと）　＿＿＿＿＿＿＿＿＿＿＿＿＿＿＿＿＿

❺（きれいです）＋ 花（はな）　＿＿＿＿＿＿＿＿＿＿＿＿＿＿＿＿＿

問題3 読みかたを書きましょう。

❶ 一月一日　＿＿＿＿＿＿＿＿＿＿＿＿＿＿＿＿＿

❷ 四月十日　＿＿＿＿＿＿＿＿＿＿＿＿＿＿＿＿＿

❸ 七月十四日　＿＿＿＿＿＿＿＿＿＿＿＿＿＿＿＿＿

❹ 九月二十日　＿＿＿＿＿＿＿＿＿＿＿＿＿＿＿＿＿

❺ 十一月十九日　＿＿＿＿＿＿＿＿＿＿＿＿＿＿＿＿＿

Chapter 6 友達のマリアさん

ホワイトさんは、夜、コソルさんに電話をかけました。

ホワイト ： もしもし、こんばんは。ホワイトです。

コソル ： あー、ホワイトさん、こんばんは。

ホワイト ： わたしは、五月三日と四日の二日間、ティーナさんと京都へ行きます。

コソル ： いいですねえ。

ホワイト ： 今日、旅行会社へ行きました。新幹線の切符は買いました。でも、ホテルに空室がありません。どうしましょう。

コソル ： そうですか……。困りましたねー。えーっと……。

あっ、京都に、わたしの友達のマリアさんがいます。マリアさんは、京都に三年ぐらいいます。日本語もとても上手ですよ。マリアさんのアパートは部屋が三つあります。

ホワイト ： うわー、いいですねえ。

マリアさんのアパートは、どこにありますか。

コソル ： 有名なお寺の近くです。隣にコンビニもありますよ。

ホワイト ： それは便利ですね。

コソル　：マリアさん……。久しぶりだなあ……。わたしも京都へ行きます。みんなで一緒に行きませんか。三人で、マリアさんのアパートに泊まりましょう。

ホワイト：ありがとう。みんなで京都で遊びましょう。よかったー。

ホワイトさんは、ティーナさんにメッセージを送りました。

　　ホテルに空室がありませんでした。

　　コソルさんと一緒に京都へ行きましょう。

　　そして、コソルさんの友達のマリアさんの家に泊まりましょう。

　　四人で京都で遊びましょう。

朝、ティーナさんから返事がありました。

　　わたしは、京都へ行きません。

　　コソルさんと二人でどうぞ……。

考えてみよう

問題1 正しいものに○をつけましょう。

❶ どうして、ホワイトさんは、コソルさんに電話をかけましたか。

(　　) a　新幹線の切符がありませんから。
(　　) b　ホテルに空室がありませんから。
(　　) c　マリアさんが京都にいますから。

❷ マリアさんは、誰の友達ですか。

(　　) a　ティーナさんです
(　　) b　ホワイトさんです。
(　　) c　コソルさんです。

問題2 完全な文 (full sentence) で答えましょう。

❶ マリアさんのアパートの隣に、何がありますか。

問題3 どう思いますか。(What do you think?)

❶ どうして、コソルさんは、京都へ行きますか。

------

❷ どうして、ティーナさんは、「コソルさんと二人でどうぞ……。」と書きましたか。

✏️ ことばと表現

問題1 （　）にことばを入れましょう。×もあります。

❶ 机（　　　）上（　　　）本があります。

❷ ホテル（　　　）泊まります。

❸ 切符が三枚（　　　）あります。

❹ 教室（　　　）学生（　　　）三人（　　　）います。

問題2 正しいものに〇をつけましょう。

❶ 公園に犬が　　います　・　あります　。

❷ 公園にさくらの木が　　います　・　あります　。

❸ コンビニにお弁当が　　います　・　あります　。

❹ 部屋に誰も　　いません　・　ありません　。

Chapter 7 京都旅行

ホワイトさんは、朝、ティーナさんのメッセージを読みました。ホワイトさんは、ティーナさんと一緒に京都へ行きたいです。ホワイトさんは、ティーナさんに電話をかけました。

ホワイト　：もしもし、ティーナさん、おはよう。

ティーナ　：おはよう。

ホワイト　：ティーナさん、どうして……？

ティーナ　：ゴールデンウィークは、人が多いですから……。

ホワイト　：人は多いですが、京都はきれいですよ。

　　　　　　わたしは、ティーナさんと一緒に京都へ行きたいです。

ティーナ　：わたしと、コソルさんと、どちらが大切ですか。

ホワイト　：えっ。どちらも大切ですよ。

ティーナ　：でも……。

ホワイト　：京都は一年の中で、春が一番いいですよ。わたしは、去年の春に行きました。とてもきれいでした。

ティーナ　：そうですか。でも、コソルさんと一緒に行きたくないです。

ホワイト　：ティーナさん、コソルさんは一緒に行きますが、観光はしません。マリアさんに会います。

ティーナ：わたしは、二人で観光がしたいです。

ホワイト：大丈夫です。二人で京都を観光しましょう。それから、買い物しましょう。

ティーナ：うーん……。

ホワイト：コソルさんは、車があります。三人で車で行きましょう。車は新幹線よりずっと安いです。

ティーナ：でも、新幹線のほうが速いです。新幹線に乗りたいです。

ホワイト：安いほうがいいですよ。それに、車のほうが便利です。マリアさんのアパートに泊まりますから、お金もかかりません。

ティーナ：そうですか……。

ホワイト：一緒に行きましょう。

ティーナ：そうですね。わかりました。

ホワイト：ああ、よかった。

ホワイトさんは、安心しました。昼休みに、新幹線の切符をキャンセルします。これから、旅行の準備をします。

考えてみよう

問題 1　正しいものに○をつけましょう。

❶　コソルさんは、京都で何をしますか。

　　（　　）　a　買い物します。
　　（　　）　b　観光します。
　　（　　）　c　マリアさんに会います。

❷　何で京都へ行きますか。

　　（　　）　a　車です。
　　（　　）　b　新幹線です。
　　（　　）　c　バスです。

問題 2　完全な文 (full sentence) で答えましょう。

❶　どうして、新幹線より車のほうがいいですか。

　　--

問題 3　どう思いますか。(What do you think?)

❶　どうして、ホワイトさんは、ティーナさんに電話をかけましたか。

　　--

ことばと表現

問題1 （　）のことばを、正しい形に変えましょう。

① 昨日は天気が（悪いです）→ _____。

② 去年、富士山に行きました。とても（きれいです）→ _____。

③ 先週、スーパーで野菜を買いました。（高いです）→ _____。

④ 京都でバスに乗りました。（便利です）→ _____。

問題2 （　）のことばを、正しい形に変えましょう。

① 東京へ（行きます）→ _____ たいです。

② ずっと日本に（います）→ _____ たいです。

③ 京都を（観光します）→ _____ たいです。

④ 日本語の新聞を（読みます）→ _____ たいです。

問題3 （　）にことばを入れましょう。

① パソコン（　　　　　）スマホのほうが便利です。

② コーヒーと紅茶と（　　　　　）が好きですか。

③ アニメ（　　　　　）中で（　　　　　）が一番面白いですか。

Chapter 8 ティーナさんの誕生日

今日は、ティーナさんの誕生日です。ホワイトさんは、レストランを予約しました。ティーナさんは、一番おしゃれな服を着ています。いつもよりずっときれいです。

店員　　：いらっしゃいませ。
ホワイト：ホワイトです。
店員　　：はい、ホワイト様ですね。どうぞ、こちらへ。

ホワイト：ティーナさん、どうですか、このお店は。
ティーナ：とても雰囲気がいいですね。わたしは、おなかがすきました。
ホワイト：それはよかった。たくさん食べてください。今日はティーナさんの誕生日ですから。
ティーナ：うれしいです。去年の誕生日はさびしかったです。
ホワイト：わたしもさびしかったです。
ティーナ：今日は、今までで一番幸せな誕生日です。
ホワイト：ありがとう。わたしも幸せです。

　二人はゆっくり食事をしました。京都の旅行やコソルさんやマリアさんの話をしました。京都は、とても天気がよかったです。人は多かったですが、たくさん観光しました。
　マリアさんは、京都に住んでいますから、京都の道をよく知っています。四人は、コソルさんの車で日本料理を食べに行きました。とても楽しかったです。
　ティーナさんは、もう一度京都へ行きたいです。

| 読んだ日 | 年 | 月 | 日 |

ティーナ ： あー、おいしかった。おなかがいっぱいです。

ホワイト ： 本当においしい料理でしたね。

ティーナ ： でも、高いでしょう?

ホワイト ： 働いていますから、大丈夫ですよ。

ティーナ ： 今日はありがとう。また、このレストランで食事がしたいです。

ホワイト ： ティーナさん、これ、プレゼントです。どうぞ。

お誕生日おめでとう。

ティーナ ： うわーっ。ありがとう。開けてもいいですか。

ホワイト ： はい。開けてください。

ティーナ ： きれいなネックレス。今、つけてもいいですか。

ホワイト ： どうぞ、どうぞ。コソルさんと一緒に買いに行きました。

ティーナ ： どう?

ホワイト ： きれいです。とても似合いますよ。

ティーナ ： 本当にうれしいです。あ、カードもあります。読んでもいいですか。

ホワイト ： ちょっと恥ずかしいですが……どうぞ。今、日本語を勉強していますから、日本語で書きました。

> ティーナさんへ
> おたんじょうび おめでとう。
> ティーナさんが にほんに きました。
> わたしは、いま、ひとりじゃ ありません。
> いっしょに しょくじを しましょう。
> いっしょに えいがを みましょう。
> いっしょに りょこうに いきましょう。
> 　　　　　　　　ジョージ・ホワイト

❓ 考えてみよう

問題1　正しいものに○をつけましょう。

❶　ティーナさんは、去年の誕生日は、どんな気持ちでしたか。

（　　）a　さびしかったです。

（　　）b　うれしかったです。

（　　）c　今まてで一番幸せでした。

❷　ホワイトさんは、ティーナさんに何をあげましたか。

（　　）a　ネックレスをあげました。

（　　）b　ネックレスとカードをあげました。

（　　）c　カードをあげました。

問題2　完全な文 (full sentence) で答えましょう。

❶ 二人は、どんなレストランに行きましたか。

------

❷ ティーナさんは、今日、どんな気持ちですか。

------

❸ 二人は、どんな話をしましたか。

問題 3 どう思いますか。(What do you think?)

❶ ホワイトさんとティーナさんは、どんな服を着ていますか。絵を描きましょう。

ホワイトさん	ティーナさん

✏️ ことばと表現

問題 1 (　) のことばを、正しい形に変えましょう。

❶ 喫茶店に朝ご飯を (食べます ＋ 行きます) → ＿＿＿＿＿＿＿＿＿＿＿＿＿＿

❷ 忘れ物を (取ります ＋ 帰ります) → ＿＿＿＿＿＿＿＿＿＿＿＿＿＿

❸ 日本語を (勉強します ＋ 来ました) → ＿＿＿＿＿＿＿＿＿＿＿＿＿＿

問題 2 例のように、(　) のことばを、正しい形に変えましょう。

解答例 忙しいですから (休みません) → 休まないで ください。

❶ 日本語を (教えます) → ＿＿＿＿＿＿＿＿＿ ください。

❷ 危ないですから (触りません) → ＿＿＿＿＿＿＿＿＿ ください。

❸ もう一度 (読みます) → ＿＿＿＿＿＿＿＿＿ いいですか。

❹ 毎朝、音楽を (聞きます) → ＿＿＿＿＿＿＿＿＿ います。

❺ 明日、9時に (来ます) → ＿＿＿＿＿＿＿＿＿ ください。

❻ 予約を (変更します) → ＿＿＿＿＿＿＿＿＿ いいですか。

6時までに出してください

金曜日の午後4時です。ホワイトさんは、少し疲れています。でも、夜、ティーナさんとコンサートを聞きに行きます。とても楽しみです。

ホワイトさんの席に、上司の田中部長が来ました。

田中部長：ホワイトさん、昨日の資料は、あまりよくないですねえ。

ホワイト：えっ。そうですか。
　　　　　書きかたがよくわかりませんでしたから……。

田中部長：うーん、この資料は、明日、東京の会議で使いたいです。もう一度、書いてください。

ホワイト：ええっ？　もう一度ですか……。

田中部長：無理ですか。

ホワイト：いえ……。

田中部長：じゃ、わたしは、7時の新幹線で東京に行きますから、6時までに出してください。

ホワイト：はい、わかりました。

ホワイトさんは困りました。コンサートは6時半に始まりますから、間に合いません。

ようこ　：ホワイトさん、どうしましたか。

ホワイト：ああ、ようこさん。あのー、困りました。

ようこさんは、ホワイトさんの会社の人です。背が高くて、髪が長くて、とてもきれいな人です。そして、親切で優しいです。いつも、ホワイトさんの仕事を手伝っています。

| 読んだ日 | 年　　月　　日 |

ホワイト：この資料を6時までに、もう一度書かなければなりません。

ようこ　：これを？　どうして、6時ですか。

ホワイト：田中部長が明日東京の会議で使います。7時の新幹線に乗りますから。わたしは、これからティーナさんとコンサートに行きます。早く帰りたいです。

ようこ　：ティーナさん？

ホワイト：はい、わたしの恋人です。困りました……。

ようこ　：ホワイトさん、大丈夫ですよ。資料は明日使いますから、メールで田中部長に送りましょう。夜、コンサートの後で書きましょう。

ホワイト：そうですね。メールで送ります。わたしは、コンサートが終わってから、もう一度、会社に来ます。それから、ゆっくり資料を書きます。

ようこ　：そうですよ。心配しないでください。

ホワイト：でも、田中部長が……。

ようこ　：大丈夫ですよ。わたしが田中部長に説明します。さあ、もう、帰ってもいいですよ。

ホワイト：ようこさん、お願いします。本当にありがとうございます。

　ホワイトさんは、コンサートが終わってから、もう一度、会社へ行きました。もう、9時です。会社に誰もいませんでした。でも、ようこさんが一人でホワイトさんを待っていました。

ホワイト：ようこさん、わたしは一人で大丈夫です。帰ってもいいですよ。

ようこ　：いいえ、わたしも一緒に仕事をしたいですから。

考えてみよう

問題1 正しいものに○をつけましょう。

❶ どうして、ホワイトさんは、6時までに資料を書かなければなりませんか。

(　　) a　田中部長がコンサートに行きますから。

(　　) b　田中部長が7時の新幹線に乗りますから。

❷ ホワイトさんは、6時に田中部長に資料を渡しましたか。

(　　) a　はい、渡しました。

(　　) b　いいえ、渡しませんでした。

❸ ホワイトさんは、夜、一人で資料を書きましたか。

(　　) a　はい、一人で書きました。

(　　) b　いいえ。ティーナさんと書きました。

(　　) c　いいえ。ようこさんと書きました。

問題2 完全な文 (full sentence) で答えましょう。

❶ ようこさんは、どんな人ですか。

問題3 どう思いますか。(What do you think?)

❶ どうして、ようこさんは、ホワイトさんを手伝いましたか。

ことばと表現

問題1 （　）のことばを、正しい形に変えましょう。

❶ (安い ＋ おいしい)　→ ＿＿＿＿＿＿＿＿＿＿＿＿＿＿ レストラン

❷ (静かな ＋ 雰囲気がいい) → ＿＿＿＿＿＿＿＿＿＿＿＿＿＿ ホテル

❸ (面白い ＋ 人気がある)　→ ＿＿＿＿＿＿＿＿＿＿＿＿＿＿ ゲーム

❹ (親切な ＋ 元気な)　→ ＿＿＿＿＿＿＿＿＿＿＿＿＿＿ 店員

問題2 （　）のことばを、例のように変えましょう。

解答例　もう一度（書きます）　→　書かなければなりません。
　　　　　　　　　　　　　　　→　書かなくてもいいです。

❶ お金を（払います）　→ ＿＿＿＿＿＿＿＿＿＿＿＿＿＿＿＿
　　　　　　　　　　　→ ＿＿＿＿＿＿＿＿＿＿＿＿＿＿＿＿

❷ 薬を（飲みます）　→ ＿＿＿＿＿＿＿＿＿＿＿＿＿＿＿＿
　　　　　　　　　　→ ＿＿＿＿＿＿＿＿＿＿＿＿＿＿＿＿

❸ 次の駅で（乗り換えます）→ ＿＿＿＿＿＿＿＿＿＿＿＿＿＿
　　　　　　　　　　　　　→ ＿＿＿＿＿＿＿＿＿＿＿＿＿＿

❹ 資料を（説明します）　→ ＿＿＿＿＿＿＿＿＿＿＿＿＿＿
　　　　　　　　　　　　→ ＿＿＿＿＿＿＿＿＿＿＿＿＿＿

❺ 漢字で（書きます）　→ ＿＿＿＿＿＿＿＿＿＿＿＿＿＿＿
　　　　　　　　　　　→ ＿＿＿＿＿＿＿＿＿＿＿＿＿＿＿

Chapter 10 初めて会議に出ます

　ホワイトさんは、三年前から「セブン」で働いています。アメリカの「セブン」で働いて、去年、日本へ来ました。日本に来てからは、仕事より日本語の勉強のほうが中心でした。毎日、午前は鈴木先生に日本語を習っています。ことばや漢字を覚えたり、会話を練習したり、新しい文法を勉強したりしています。最近、ホワイトさんは日本語が本当に上手になりました。

鈴木先生：ホワイトさん、最近、日本語が上手になりましたね。

ホワイト：本当ですか。うれしいです。でも、まだまだです。漢字が難しいですね。読むことはできますが、書くことはあまりできません。

鈴木先生：そうですね。漢字は読みかたもたくさんありますから、大変ですね。

ホワイト：日本へ来る前に、漢字をぜんぜん勉強しませんでしたから……。難しい漢字を使って、書類を書くことができません。

鈴木先生：そうですか……。パソコンもありますが、やはり、漢字は大切ですね。

ホワイト：はい、日本語で書類が書きたいです。

鈴木先生：そうですね。

ホワイト：書類を書いたり、会議に出たり、もっと難しい仕事がしたいです。

　ホワイトさんは、昼ご飯を食べてから、会社へ行きました。仕事はとても忙しいです。みんな、電話で話したり、書類を書いたり、パソコンを使ったりしています。でも、今、ホワイトさんは何も仕事をしていません。自分の席で漢字の本を見ています。

| 読んだ日 | 年　　月　　日 |

ようこさんがホワイトさんの席に来ました。資料をたくさん持っています。

ようこ　　：ホワイトさん。どうしましたか。

ホワイト　：ようこさん。わたしは、今、仕事がありません。暇です。帰りたくなりました。帰ってもいいですか。

ようこ　　：ホワイトさん、そんなことを言ってはいけませんよ。この資料を見てください。明日までに読まなければなりませんよ。

ホワイト　：ええっ？　これを？

ようこ　　：明日、大きい会議がありますから、ホワイトさんも出てください。この資料は英語ですから、明日までに読んでください。ホワイトさんは、会議で資料の説明をしなければなりません。

ホワイト　：えっ？　日本語で説明しなければなりませんか。

ようこ　　：もちろんですよ。

ホワイト　：でも、わたしは一度も会議に出たことがありません。初めてです。大丈夫でしょうか。

ようこ　　：わたしも手伝いますから、がんばりましょう。

ホワイトさんとようこさんは、ずっと二人で資料を読みました。ホワイトさんが英語を読んで、日本語で説明してから、ようこさんが日本語の書類を作りました。ホワイトさんは、明日の会議で、その書類を使うことができます。

考えてみよう

問題1 正しいものに○をつけましょう。

❶ ホワイトさんは、毎日、会社で何をしていますか。
（　　）a　ずっと日本語の勉強をしています。
（　　）b　午前は日本語の勉強をしています。午後は仕事をしています。
（　　）c　ずっと仕事をしています。

❷ ホワイトさんは、日本へ来る前に、漢字を勉強しましたか。
（　　）a　はい、しました。
（　　）b　いいえ、しませんでした。

❸ どうして、ホワイトさんは、帰りたくなりましたか。
（　　）a　仕事が忙しいですから。
（　　）b　日本語の勉強が大変ですから。
（　　）c　かぜをひきましたから。
（　　）d　暇ですから。

❹ ホワイトさんは、会議に出たことがありますか。
（　　）a　はい、出たことがあります。
（　　）b　いいえ、出たことはありません。

問題2 完全な文 (full sentence) で答えましょう。

❶ ホワイトさんは、明日までに何をしなければなりませんか。

　　--

❷ ホワイトさんは、明日の会議で何をしなければなりませんか。

　　--

問題3 どう思いますか。(What do you think?)

❶ ホワイトさんは、明日の会議は大丈夫でしょうか。

----

❷ それ（❶）は、どうしてですか。

✏ ことばと表現

問題1 例のように、（ ）のことばを、正しい形に変えましょう。

〔解答例〕 漢字を（書きます）→ __書く__ ことができます。

❶ 明日、朝6時に（来ます）→ _____ ことができます。

❷ 車を（運転します）→ _____ ことができます。

❸ 自転車を（借ります）→ _____ ことができます。

❹ 荷物を（送ります）→ _____ ことができます。

問題2 例のように、（ ）のことばを、正しい形に変えましょう。

〔解答例〕（上手な＋なる）→ 日本語が __上手になり__ ました。

❶（医者＋なる） → わたしは、将来、_____ たいです。

❷（便利な＋なる） → カードで買い物が _____ ました。

❸（安い＋なる） → 家賃が _____ ました。

❹（いい＋なる） → 天気が _____ ました。

Chapter 11 二人で食事に行きましょう

　ホワイトさんは、水曜日に初めて会議に出ました。会社の人がたくさんいました。ホワイトさんは、英語の資料を日本語で説明しました。日本語の書類がありましたから、とてもよく説明できました。会議が終わってから、田中部長とお茶を飲みました。

田中部長：ホワイトさん、今日の会議はよかったね。
ホワイト：本当ですか。うれしいです。
田中部長：書類の書きかたもよかったよ。
ホワイト：ようこさんと一緒に書きました。
田中部長：ようこさん……？　ああ、今井さんだね。難しかった？
ホワイト：はい。でも、わたしはもっと難しい仕事がしたいです。
田中部長：そうか……。じゃあ、来週から水曜日は会議に出ることができる？
ホワイト：はい、もちろんです。
田中部長：水曜日は日本語の勉強をしなくてもいいよ。朝から会社に来て。
ホワイト：はい、わかりました。ありがとうございます。

　ホワイトさんは自分の席に戻りました。今、たくさん仕事がしたいです。仕事が楽しくなりました。

ようこ　：ホワイトさん、会議はどうでしたか。
ホワイト：あっ、ようこさん……。田中部長が「よかったよ」と言いました。
ようこ　：うわー。すごい。
ホワイト：ようこさんの日本語の書類がありましたから、みんな、よくわかりました。
ようこ　：いいえ、ホワイトさんの日本語が上手ですから……。

| 読んだ日 | 年　　月　　日 |

ホワイト　：それから、田中部長が「来週から水曜日はずっと会議に出てください」と言いました。うれしいです。

ようこ　　：うわーっ。本当によかったですね。わたしもうれしいです。

ホワイト　：わたしは、ようこさんにお礼がしたいです。

ようこ　　：いえ、いえ、仕事ですから。

ホワイト　：じゃあ、今晩、食事に行きましょう。

ようこ　　：えっ？　二人で？

ホワイト　：はい、いいレストランを知っています。雰囲気もよくて、料理もおいしいですよ。

ようこ　　：うわー、うれしい。行ってもいいですか。

ホワイト　：一階のロビーで待っています。

ようこ　　：はい、わかりました。お願いします。

ホワイトさんとようこさんは、レストランで食事をして、少しお酒を飲んでから帰りました。ホワイトさんは、夜、11時ごろ家に帰りました。
留守番電話にティーナさんの声が入っていました。

「ホワイトさん、毎日、忙しいですか。遅いですね。わたしのメッセージは届いていますか。返事がないので心配しています。わたしは、毎日、一人でさびしいです。今日電話をしてください。」

ホワイトさんは、ティーナさんの留守番電話を聞きましたが、電話をかけないで、寝てしまいました。

考えてみよう

問題1 正しいものに○をつけましょう。

❶ 会議が終わってから、ホワイトさんと田中部長は何をしましたか。

（　　）a　お茶を飲みました。
（　　）b　資料を作りました。
（　　）c　食事に行きました。

❷ 来週水曜日、ホワイトさんは何をしますか。

（　　）a　日本語を勉強します。
（　　）b　日本語の資料を作ります。
（　　）c　会議に出ます。

❸ 最近、ホワイトさんは、ティーナさんに会っていますか。

（　　）a　はい、会っています。
（　　）b　いいえ、会っていません。

問題2 完全な文 (full sentence) で答えましょう。

❶ ホワイトさんは、仕事が終わってから、何をしましたか。

問題3 どう思いますか。(What do you think?)

❶ どうして、ホワイトさんは、ティーナさんのメッセージに返事をしませんでしたか。

----

❷ どうしてホワイトさんは、今日ティーナさんに電話をかけませんでしたか。

✏️ ことばと表現

問題1 例のように、普通形(plain form)を書きましょう。　解答例 書きます → 書く

❶ 食べます　→ ＿＿＿＿＿＿＿＿　　❷ 飲みます　→ ＿＿＿＿＿＿＿＿

❸ 座ります　→ ＿＿＿＿＿＿＿＿　　❹ 調べます　→ ＿＿＿＿＿＿＿＿

❺ 勉強します → ＿＿＿＿＿＿＿＿　　❻ 行きます　→ ＿＿＿＿＿＿＿＿

❼ 面白いです → ＿＿＿＿＿＿＿＿　　❽ 静かです　→ ＿＿＿＿＿＿＿＿

❾ 先生です　→ ＿＿＿＿＿＿＿＿　　❿ きれいです → ＿＿＿＿＿＿＿＿

問題2 例のように、普通形を書きましょう。　解答例 書きました → 書いた

❶ 食べました　→ ＿＿＿＿＿＿＿＿　　❷ 飲みました　→ ＿＿＿＿＿＿＿＿

❸ 座りました　→ ＿＿＿＿＿＿＿＿　　❹ 調べました　→ ＿＿＿＿＿＿＿＿

❺ 勉強しました → ＿＿＿＿＿＿＿＿　　❻ 行きました　→ ＿＿＿＿＿＿＿＿

❼ 面白かったです → ＿＿＿＿＿＿＿　　❽ 静かでした　→ ＿＿＿＿＿＿＿＿

❾ 先生でした　→ ＿＿＿＿＿＿＿＿　　❿ きれいでした → ＿＿＿＿＿＿＿＿

Chapter 12 ホワイトさんに会っていません

　ティーナさんは、今、駅の近くのカフェでコソルさんとお茶を飲んでいます。午後6時ですから、外は、もう、暗くなりました。ティーナさんは泣いています。コソルさんは、ティーナさんがとても心配です。

コソル　　：ティーナさん、泣かないでください。どうしましたか。

ティーナ：コソルさん、わたしは、ずっとホワイトさんに会っていません。とてもさびしいです。ホワイトさんに会いたいです。

コソル　　：ホワイトさんは、きっと、仕事が忙しいと思います。

ティーナ：でも……。

コソル　　：わたしが電話をかけたとき、とても忙しくて、毎日、遅く帰ると言いましたよ。

ティーナ：きっと、ホワイトさんは、わたしより仕事のほうが大切だと思います。わたしは、ホワイトさんがいるから、日本へ来ました。でも、ホワイトさんに会うことができません。アメリカへ戻りたいです。

コソル　　：ティーナさん、心配しないでください。ホワイトさんは、だんだん仕事が楽しくなったと言いました。仕事が忙しいから、ティーナさんに会う時間がないと思います。メッセージは？

ティーナ：メッセージも送りました。

コソル　　：それで？

ティーナ：ぜんぜん、返事がありません。

コソル　　：忙しいですから……。

ティーナ：メッセージはいつでも、どこでも、すぐに書くことができるでしょう？

コソル　　：そ、そうですね。

| 読んだ日 | 年　　月　　日 |

ティーナ ： わたしは、ホワイトさんと話したいです。これから、ホワイトさんの会社へ行きたいです。コソルさんも一緒に行ってください。

コソル ： ティーナさん、それはだめですよ。ホワイトさんは、今、仕事をしていますから。

ティーナ ： でも、わたしは、ホワイトさんに会いたいです。

コソル ： 会社へ行くと、ホワイトさんが困ります。

ティーナ ： アメリカにいたとき、とても楽しかったです。日本に来てから、あまり楽しくないです。

コソル ： 一緒に京都へ行ったり、誕生日にレストランで食事をしたりしたでしょう？

ティーナ ： でも、今は……。

コソル ： そのネックレス、とても似合っていますよ。

ティーナ ： 誕生日に、ホワイトさんにもらったネックレスです。

コソル ： はい。ネックレスを買ったとき、わたしも一緒にデパートへ行きました。そのとき、ホワイトさんは、来年、ティーナさんと結婚したいと言いましたよ。

ティーナ ： 本当ですか。

コソル ： はい、大丈夫ですよ。ティーナさん、もう、泣かないでください。泣くと、もっと悲しくなりますよ。

ティーナさんは、一人で電車に乗って家へ帰りました。外は暗くて、とてもさびしかったです。でも、コソルさんと話して、少し元気になりました。今週の週末は、きっとホワイトさんに会うことができると思いました。

考えてみよう

問題1　正しいものに○をつけましょう。

❶ どうして、ティーナさんは泣いていますか。

　　（　　）a　ホワイトさんに会っていませんから。
　　（　　）b　ホワイトさんにもらったネックレスをなくしましたから。
　　（　　）c　アメリカへ戻りたいですから。

❷ ホワイトさんは、ティーナさんのメッセージに返事を書きましたか。

　　（　　）a　はい、書きました。
　　（　　）b　いいえ、書きませんでした。

問題2　完全な文 (full sentence) で答えましょう。

❶ どうして、ティーナさんは、ホワイトさんの会社へ行きたいですか。

　　--

❷ ホワイトさんは、ネックレスを買ったとき、何と言いましたか。

　　--

問題3　どう思いますか。(What do you think?)

❶ どうして、コソルさんは、ティーナさんが心配ですか。

　　--

❷ あなたは、ティーナさんに何と言いますか。

　　--

ことばと表現

問題1　（　）のことばを、普通形に変えましょう。

❶ ちょっと（待ってください）。 → ＿＿＿＿＿＿＿＿＿＿

❷ （帰ってもいいですか）？ → ＿＿＿＿＿＿＿＿＿＿

❸ お金を（払わなければなりません）。 → ＿＿＿＿＿＿＿＿＿＿

❹ 日本語を（勉強しています）。 → ＿＿＿＿＿＿＿＿＿＿

❺ 旅行に（行きたいです）。 → ＿＿＿＿＿＿＿＿＿＿

❻ 料理を（作ることができます）。 → ＿＿＿＿＿＿＿＿＿＿

❼ 妹は大学生に（なりました）。 → ＿＿＿＿＿＿＿＿＿＿

❽ 電車の中で電話を（かけてはいけません）。 → ＿＿＿＿＿＿＿＿＿＿

問題2　（　）のことばを、正しい形に変えましょう。

❶ テニスを（しています）→ ＿＿＿＿＿＿＿＿＿＿ 人は誰ですか。

❷ 昨日、（見ました）→ ＿＿＿＿＿＿＿＿＿＿ 映画は面白かったです。

❸ （復習しませんでした）→ ＿＿＿＿＿＿＿＿＿＿ 問題がテストに出ました。

❹ （乗りたかったです）→ ＿＿＿＿＿＿＿＿＿＿ 電車に遅れました。

❺ 友達に（もらいました）→ ＿＿＿＿＿＿＿＿＿＿ 本をなくしました。

Chapter 13 一人で清住市へ行きます

　日曜日の朝です。ティーナさんは、ずっとホワイトさんの電話を待っていました。でも、一度も連絡がありませんでした。ティーナさんはホワイトさんに会いたいです。日曜日は仕事が休みですから、何もすることがありません。今、マリアさんが送ってくれた京都の写真を見ています。日本に来てからのことを、いろいろ思い出しました。

　今日、一日、何をしましょうか……。家にいたら、悲しくなります。清住市へ買い物に行きます。

　ここは、ホワイトさんの会社です。日曜日でも、働いている人がいます。ホワイトさんとようこさんも、新しい資料を作っています。水曜日の会議の資料を準備しなければなりません。ホワイトさんは本当に忙しくなりました。毎日、夜10時ごろまで残業しています。少し、疲れました。ホワイトさんもティーナさんに会いたいと思っていますが、時間がありません。メッセージも送っていません。毎日、家に帰って、シャワーを浴びて、すぐに寝ます。コソルさんもマリアさんも心配してメッセージをくれました。でも、ホワイトさんは返事を書きませんでした。

| 読んだ日 | 年 | 月 | 日 |

ようこ　　：ホワイトさん、もう、お昼ですよ。

ホワイト　：あっ、そうですね。そろそろ、お昼ご飯を食べましょう。

ようこ　　：今日は日曜日ですから、会社の食堂はお休みです。

ホワイト　：そうですか……。じゃあ、外へ食べに行きましょう。外はにぎやかですよ。

ようこ　　：ええ、行きましょう。

　会社の近くの公園でお祭りをしています。夜、花火がありますから、浴衣を着ている人もいます。屋台の食べ物もたくさんあります。

　そして、今、ティーナさんも一人で公園を歩いています。ギターの音や音楽を聞いています。

Chapter 13 一人で清住市へ行きます（つづき）

ホワイト：あっ！　ティーナさん。

ティーナ：え？　あっ！　ホワイトさん。

ホワイト：どうしましたか。

ティーナ：家にいてもつまらないから、清住市へ来ました。ホワイトさんは？どうして……。

ホワイト：仕事です。毎日、本当に忙しいです。日曜日でも、働いています。

ようこ　：あら、ホワイトさん、どなた？

ホワイト：あっ、こちらは、ティーナさんです。わたしの友達です。今年の三月に日本に来ました。ティーナさん、こちらは、ようこさんです。会社の人です。わたしの仕事を手伝ってくれています。

ようこ　：はじめまして、ティーナさん。ようこです。ホワイトさんと一緒に仕事をしています。

ティーナ：は、はじめまして。ティーナです。

ようこ　：ホワイトさん、まだ、仕事があるから、急いでね。

ホワイト：えっ？　はい。

ティーナ：……。

ようこ　：この前、二人で行ったレストラン、雰囲気がとてもよくておいしかったの。これからそこにお昼を食べに行くのよ。ティーナさんもご一緒にどう？　ねえ、ホワイトさん。

ホワイト：あっ、そうそう。ティーナさんも一緒に行きましょう。

ティーナ：わたしは、ちょっと都合が悪いですから……。

ようこ　：あら、残念。じゃ、ホワイトさん、早く、早くー。

ようこさんは、ホワイトさんの腕を引っ張っています。

ホワイト：ティーナさん、夜、電話しますから、待っていてくださいね。

ティーナさんは、公園で泣いていました。そして、一日中、何も食べませんでした。そして、夜になっても、ホワイトさんから電話がありませんでした。

考えてみよう

問題1 正しいものに○をつけましょう。

① どうして、ティーナさんは、清住市へ行きましたか。

（　　）a　ようこさんに会いたいですから。

（　　）b　家にいたら、悲しくなりますから。

（　　）c　お祭りがありますから。

② どうして、ホワイトさんとようこさんは、日曜日も仕事をしていますか。

（　　）a　水曜日の会議の資料を作りますから。

（　　）b　レストランに行きたいですから。

問題2 完全な文 (full sentence) で答えましょう。

① 最近、ホワイトさんの仕事は、どうですか。

------

② ティーナさんは、どこで、誰に会いましたか。

問題3 どう思いますか。(What do you think?)

① どうして、ホワイトさんは、ティーナさんに電話をかけなかったと思いますか。

------

❷ ようこさんは、どんな人だと思いますか。

_____

❸ あなたは、ホワイトさんに何と言いたいですか。

_____

✏️ ことばと表現

問題1 （　）のことばを、正しい形に変えましょう。

❶ 友達にまんがを（貸します）→ _____ あげます。

❷ 友達にアルバイトを（紹介します）→ _____ もらいます。

❸ 友達がパソコンの使いかたを（教えます）→ _____ くれます。

問題2 「ても」「たら」のどちらかを使って、（　）のことばを正しい形に変えましょう。

解答例 家に（います）→　いたら　、悲しくなります。

❶ 漢字を（覚えます）→ _____ 、すぐに忘れます。

❷ 休みに（なります）→ _____ 、旅行に行きたいです。

❸ 映画が（始まります）→ _____ 、スマホの電源を切ってください。

❹ このゲームは、（子どもです）→ _____ 、簡単に遊ぶことができます。

❺ 重いですね。もう少し（軽いです）→ _____ 、買います。

❻ 音楽が（いいです）→ _____ 、ストーリーが面白くないアニメは、人気がありません。

Chapter 14 友達だと言いました

　ティーナさんは、今週、ずっと仕事に行っていません。食欲もありません。どこへも行きたくないです。何もしたくないです。ずっと、ベッドの中にいます。そして、日曜日に会ったようこさんのことを考えてしまいます。

　ようこさんは、毎日、ホワイトさんのそばにいます。わたしよりずっと長い時間、ホワイトさんと一緒にいます。きっと、ようこさんはホワイトさんが好きなんでしょう。そして、ホワイトさんも……。

　トントントン。ドアをノックする音が聞こえました。

コソル　：ティーナさん、いますか。コソルです。

　ティーナさんは、ゆっくりベッドから出て、ドアを開けました。

ティーナ：コソルさん、どうしましたか。どうぞ……。

コソル　：どうしましたか、じゃありませんよ。メッセージの返事もありません。そして、「さくら英会話」も休んでいると聞きました。心配しましたよ。

ティーナ：ありがとう。

コソル　：どうしたんですか。

コソルさんは、簡単な料理を作ってあげました。ティーナさんの好きなサラダや、ふるさとのカレーなどを作りました。そして、コーヒーもいれました。

コソル　　：ティーナさん、食べましょう。

ティーナ：コソルさん、本当にありがとう。

コソル　　：どうしたんですか。

ティーナ：日本語で上手に言えないんです。

コソル　　：困ったなあ。わたしは英語がわからないんです。日本語で説明してください。

ティーナ：あのー、わたし、日曜日に一人で清住市へ行ったんです。そして、ホワイトさんに会いました。

コソル　　：よかったですねえ。

ティーナ：いいえ。ホワイトさんは一人じゃなかったんです。会社のようこさんと一緒に公園を歩いていました。

Chapter 14　友達だと言いました（つづき）

コソル　　：ようこさん……？　ああ、わたしも聞いたことがあります。会社の人

　　　　　　でしょう？　ホワイトさんは、きれいで親切な人だと言っていました。

ティーナ：そうですか……。

コソル　　：……。ティーナさん、心配しなくてもいいですよ。彼女は会社の人です。

ティーナ：でも……。

コソル　　：ティーナさん。大丈夫。

ティーナ：でも、ホワイトさんはようこさんに「こちらはティーナさんです。

　　　　　　わたしの友達です」と言ったんです。ト、モ、ダ、チ、ですよ。

コソル　　：えっ？　友達？

ティーナ：それに……。

コソル　　：それに？　何ですか。

ティーナ：ようこさんの話しかたが……。「です、ます」を使わないんです。

コソル　　：「普通体」？

ティーナ：はい、それです。おかしいでしょう？

コソル　　：「普通体」は、友達や家族に使います。

ティーナ：それに、恋人にも使います。会社で使いません。

コソルさんは、ホワイトさんの気持ちがわかりません。明日、ホワイトさんに会って、話さなければならないと思いました。

❓ 考えてみよう

問題Ⅰ　正しいものに○をつけましょう。

❶ ホワイトさんは、ようこさんに、ティーナさんを何と紹介しましたか。

　　（　　）a　恋人です。
　　（　　）b　英会話の先生です。
　　（　　）c　友達です。
　　（　　）d　会社の人です。

❷ コソルさんは、明日、何をしますか。

　　（　　）a　料理を作ります。
　　（　　）b　ホワイトさんに会います。
　　（　　）c　ようこさんに会います。

問題2　完全な文 (full sentence) で答えましょう。

❶ ティーナさんは、今週、家で何をしていましたか。

------

❷ どうして、コソルさんは、ティーナさんの家に来ましたか。

問題3　どう思いますか。(What do you think?)

❶ どうして、ようこさんは「普通体」で話したと思いますか。

------

❷ ティーナさんは、今、どんな気持ちだと思いますか。

ことばと表現

問題1　例のように、可能形 (potential form) を書きましょう。　解答例 言います→言えます

❶ 書きます →　_____　　❷ 買います →　_____

❸ 話します →　_____　　❹ 座ります →　_____

❺ 食べます →　_____　　❻ 見ます →　_____

❼ 来ます →　_____　　❽ します →　_____

問題2 例のように、「〜んです」の形に変えましょう。 解答例 行きます→行くんです

① 買います → ＿＿＿＿＿＿＿んです

② 座ります → ＿＿＿＿＿＿＿んです

③ 食べます → ＿＿＿＿＿＿＿んです

④ 来ます → ＿＿＿＿＿＿＿んです

⑤ します → ＿＿＿＿＿＿＿んです

問題3 例のように、＿＿＿に入ることばを考えて、文を完成しましょう。

解答例 東京へ　行った　ことがあります。

① 日本酒を ＿＿＿＿＿＿＿＿＿＿＿＿＿ことがあります。

② 友達にプレゼントを ＿＿＿＿＿＿＿＿＿ことがあります。

③ 車を ＿＿＿＿＿＿＿＿＿＿＿＿＿＿＿＿ことがあります。

④ 日本の音楽を ＿＿＿＿＿＿＿＿＿＿＿＿ことがあります。

⑤ 彼にお金を ＿＿＿＿＿＿＿＿＿＿＿＿＿ことがあります。

問題4 例のように、＿＿＿に入ることばを考えて、文を完成しましょう。

解答例 ようこさんのことを　考えて　しまいます。

① お金を ＿＿＿＿＿＿＿＿＿しまいました。

② 約束の時間に ＿＿＿＿＿＿＿＿しまいました。

③ みんなの前で ＿＿＿＿＿＿＿＿しまいました。

Chapter 15 悩んでいます

　コソルさんは、いろいろ考えました。ティーナさんは、ホワイトさんがいるから日本に来ました。でも、今、二人はぜんぜん会っていません。ホワイトさんの気持ちがわからなくなってしまいました。

　コソルさんは、ホワイトさんと話したいと思いました。そして、ティーナさんの気持ちを伝えなければならないと思っています。

　コソルさんは、ホワイトさんの会社のロビーに立っています。今、12時ですから、ホワイトさんがロビーに来ると思います。

　コソルさんはエレベーターを見ています……。

鈴木先生　：じゃあ、次は木曜日ですね。

ホワイト　：はい、どうもありがとうございました。

鈴木先生　：お仕事、がんばってくださいね。

ホワイト　：はい、がんばります。

コソル　　：ホワイトさん、ホワイトさん。

| 読んだ日 | 年　　月　　日 |

ホワイト：あれ？　コソルさん。どうしたんですか。大学は？

コソル　：今日は、休んでしまいました。ちょっと話したいんですが……。

ホワイト：そろそろお昼ですから、お昼ご飯を食べながら話しましょう。

二人はカフェに入りました。カフェの中は少し暗くて、静かな音楽が聞こえています。

コソル　：ホワイトさん、わたしは週末、ティーナさんのアパートへ行きました。

ホワイト：えっ？　ティーナさんの？

コソル　：電気は消えていたし、ティーナさんは何も食べていなかったんですよ。理由はホワイトさんが一番よくわかるでしょう？

ホワイト：……。

コソル　：ホワイトさん、どうしたんですか。ティーナさんはメッセージを送っているでしょう。マリアさんも心配しているでしょう。どうして、ティーナさんに会わないんですか。返事をしないんですか。

Chapter 15 悩んでいます（つづき）

ホワイト ： それは……。仕事が忙しいし、疲れているし……。

コソル ： うそです。忙しくても連絡はできますよね。

ホワイト ： 本当に忙しいんです。明日も会議に出るんです。その資料を作らなければならないし、準備がいろいろあるんです。

コソル ： ようこさんと一緒に？

ホワイト ： よ、ようこさん……。

コソル ： ホワイトさん、どうしたんですか。話してください。ようこさんは新しい恋人なんですか。ティーナさんは？ ティーナさんと結婚するんじゃないんですか。

ホワイト ： ……。 わたしもわからなくなってしまったんです。ずっと、悩んでいます。もちろん、ティーナさんが恋人です。ティーナさんと日本で結婚したいから、日本へ来てもらったんです。

コソル ： そうですよね。

ホワイト ： でも、毎日、毎日、ようこさんと一緒に仕事をしています。とてもやさしくしてくれます。始めは、会社の人だと思っていました。

コソル ： そうですよ。

ホワイト：でも、ようこさんは会社の外で話すとき……。

コソル　：普通体！

ホワイト：そう、会社の中と、会社の外と話しかたが違うんです。それに、残業を手伝ってくれたり、お茶をいれてくれたり、机の片付けをしてくれたり……。疲れたとき、本当にうれしいんです。

コソル　：ホワイトさん、それは、作戦ですよ。

ホワイト：作戦？　ようこさんは本当にきれいで、優しくて、日本の女性はいいなあと思います。

コソル　：ホワイトさん、何を言っているんですか？　だめですよ。

❓ 考えてみよう

問題 1 正しいものに○をつけましょう。

❶ コソルさんは、週末、どこへ行きましたか。

　　（　　）a　ティーナさんのアパートです。
　　（　　）b　ホワイトさんの会社です。
　　（　　）c　カフェです。

❷ どうして、コソルさんは、ホワイトさんに会いましたか。

　　（　　）a　ようこさんに会いたいですから。
　　（　　）b　ティーナさんの気持ちを伝えたいですから。

問題 2 完全な文 (full sentence) で答えましょう。

❶ 二人は、どんなカフェに行きましたか。

------

❷ どうして、ホワイトさんは、ティーナさんに日本に来てもらいましたか。

問題 3 どう思いますか。(What do you think?)

❶ あなたは、ティーナさんとようこさんと、どちらがいいと思いますか。
　 どうして、そう思いますか。

------

❷ どうして、ようこさんは話しかたを変えるのでしょうか。

_____

ことばと表現

問題１ 例のように、自動詞 (intransitive verb) を書きましょう。

解答例 車を（止めます）→ 車が　　止まります　　。

❶ ドアを（開けます）　→ ドアが _____。

❷ ドアを（閉めます）　→ ドアが _____。

❸ 電気を（つけます）　→ 電気が _____。

❹ 電気を（消します）　→ 電気が _____。

❺ ガラスを（割ります）→ ガラスが _____。

問題２ 例のように、（　）のことばを、正しい形に変えましょう。_____ に入ることばを考えましょう。

解答例　お昼ご飯　を（食べます）→　食べ　ながら話しましょう。

❶ _____ を（飲みます）→ _____ ながら映画を見ます。

❷ _____ を（聞きます）→ _____ ながらジョギングをするのが好きです。

❸ _____ を（歌います）→ _____ ながら料理を作っています。

❹（歩きます）→ _____ ながら _____ を使ってはいけません。

Chapter 16 国へ帰ります

　ティーナさんはいろいろ考えました。

　ホワイトさんは、今、何を考えていますか。わたしより、ようこさんのほうが好きでしょうか。ようこさんも、ホワイトさんのことが好きだと思います。二人は、毎日、一緒に仕事をしています。

　ティーナさんは、ようこさんに会おうと思いました。

ティーナ ：ようこさん、お仕事の後に、すみません。

ようこ　 ：いいえ。わたしも一度、ティーナさんと話したいと思っていました。日本にもう慣れましたか。

ティーナ ：ええ、大丈夫です。

ようこ　 ：お仕事は？「さくら英会話」でしたね。

ティーナ ：はい、でも、今、ちょっと休んでいるんです。

ようこ　 ：そうですか。

ティーナ ：あのー。ホワイトさんは元気ですか。

ようこ　 ：あれっ？　会っていないんですか。前よりずっと忙しくなりましたが、元気ですよ。

ティーナ：ようこさん。わたしはホワイトさんがいるから、日本へ来たんです。ホワイトさんは、来年結婚するつもりだと言ってくれました。

ようこ：結婚？　でも、最近は会っていないんでしょう？

ティーナ：見てください。これはアメリカの大学で撮った写真です。わたし達は一緒に勉強したり、旅行したりしました。

ようこ：でも、それはずっと前の写真ですね。

ティーナ：ようこさん……。ようこさんは、ホワイトさんが好きですか？

ようこ：えっ？

ティーナ：わたしは……。わたしは……。

ティーナさんは、ようこさんに自分の気持ちを言いたいと思いました。でも、少ししか言えませんでした。ティーナさんは、悲しい気持ちで泣きながら家へ帰りました。

Chapter 16 国へ帰ります（つづき）

　ティーナさんは、夜、国の家族に電話をかけました。家族にいろいろ話して相談しました。

　お父さんは、待っていると言いました。お母さんは、ホワイトさんの気持ちを確かめたほうがいいと言いました。お姉さんは、インドネシアで一緒に住もうと言ってくれました。

　ティーナさんは、インドネシアに帰ったほうがいいでしょうか。日本にいたほうがいいでしょうか。ずっと考えていましたが、決められませんでした。

　次の日の朝、ティーナさんはコソルさんに電話をかけました。

ティーナ：もしもし、コソルさん。

コソル　：ティーナさん、ホワイトさんに会いましたか。

ティーナ：いいえ、ようこさんに会いました。

コソル　：えっ？　どうして？

ティーナ ： わたしは、インドネシアへ帰ります。今日、夜8時の飛行機に乗る予定です。

コソル ： えっ？ 今日？ ちょっと待ってください。

ティーナ ： もう、決めました。でも、日本に戻って来るつもりですから、心配しないでください。

コソル ： 本当に戻って来てくださいね。待っていますよ。

ティーナ ： 大丈夫です。国でいろいろ考えるつもりです。それから、ホワイトさんに会うつもりです。じゃあ。

コソル ： いっていらっしゃい。気をつけて。

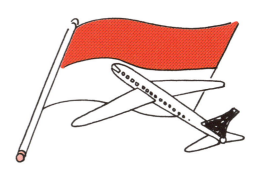

考えてみよう

問題1 完全な文 (full sentence) で答えましょう。

❶ ティーナさんは、ようこさんに、何を見せましたか。

---

❷ ティーナさんは、ようこさんに、自分の気持ちをたくさん言えましたか。

---

❸ ティーナさんのお母さんは、何と言いましたか。

問題2 どう思いますか。(What do you think?)

❶ ようこさんは、ホワイトさんが好きだと思いますか。

---

❷ どうして、ティーナさんは、ようこさんに、アメリカの大学で撮った写真を見せたのでしょうか。

---

❸ ティーナさんは、日本に戻ったほうがいいと思いますか。それは、どうしてですか。

ことばと表現

問題1 例のように、（　）のことばを、正しい形に変えましょう。

[解答例] ようこさんに（会います）→　__会おう__　と思いました。

❶ 国へ（帰ります）→　_____　と思っています。

❷ ホテルを（予約します）→　_____　と思っています。

❸ パソコンを（買います）→　_____　と思っています。

❹ 図書館で（調べます）→　_____　と思っています。

問題2 例のように、（　）のことばを、正しい形に変えましょう。

[解答例] 野菜を（食べます）→　__食べた__　ほうがいいです。

❶ 運動（します）→　_____　ほうがいいです。

❷ 薬を（飲みます）→　_____　ほうがいいです。

❸ ゆっくり（寝ます）→　_____　ほうがいいです。

❹ もう一度（確かめます）→　_____　ほうがいいです。

問題3 例のように、_____に入ることばを考えて、文を完成しましょう。

[解答例] 来年、　__結婚する__　つもりです。

❶ 週末、_____つもりです。

❷ 将来、_____つもりです。

❸ 今日、晩ご飯の後で、_____つもりです。

Chapter 17 お土産を買いに行きます

　ティーナさんは、今日の夜8時の飛行機に乗って、インドネシアに帰ります。インドネシアは、きっと、とても暑いでしょう。

　家族に会って、結婚の相談をして、ゆっくり休むつもりです。早くお母さんの作った料理が食べたいです。いろいろなことを考えながら、準備をしています。服や本などをきちんとスーツケースに入れました。それから、マリアさんに送ってもらった京都のフォトブックも入れておきました。お父さんが、日本の写真をたくさん見たいと言っていたからです。

　京都のお寺の前で、みんな笑っています。日本料理の店で、刺身や天ぷらを食べています。コソルさんが大きなエビの天ぷらを口に入れています。本当に楽しい旅行でした。①あのとき、ホワイトさんはティーナさんのことだけを考えていました。

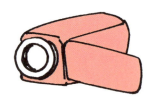

| 読んだ日 | 年　月　日 |

店員　　　：いらっしゃいませ。

ティーナ　：あのー。ビデオカメラが欲しいんですが……。

店員　　　：ビデオカメラですね。こちらはいかがですか。今、一番新しいですよ。

ティーナ　：うわー、小さくて軽いですね。

店員　　　：はい。使いかたも簡単ですよ。

ティーナ　：マニュアルを見ればわかりますか。

店員　　　：ええ、マニュアルに絵がありますから、絵のとおりに使ってください。

ティーナ　：あのー、英語のマニュアルはありますか。

店員　　　：はい、こちらが英語のマニュアルです。

ティーナ　：うわー、いいですね。よくわかります。

店員　　　：でも、絵を見れば、読まなくてもわかりますよ。本当に簡単ですから、どなたでも、すぐに使えます。

ティーナ　：でも、インドネシアで使うつもりなんですが……。大丈夫でしょうか。

店員　　　：ええ、使いかたがわからなかったり、故障したりしたときは、インドネシアの会社に電話をしてください。世界中、どこでも大丈夫です。

Chapter 17　お土産を買いに行きます（つづき）

ティーナ　：それなら安心ですね。あの、お値段は……。

店員　　　：87,000円です。

ティーナ　：そうですか……。予算が……。もう少し安ければ、買えるんですが……。

店員　　　：うーん、これが、今、一番新しいんです。

ティーナ　：インドネシアの父へのお土産なんです。今日の夜、帰るんです。父は日本の電気製品が大好きなんです。父に買ってあげたいんです。

店員　　　：うーん、じゃあ、消費税込みで80,000円でどうでしょうか。内緒ですよ。

ティーナ　：うわー、ありがとうございます。誰にも言いません。

　ティーナさんは、空港に着きました。チケットとパスポートを確かめて、カウンターに行きました。

　カウンターの近くにホワイトさんがいます。ティーナさんはびっくりして「ホワイトさんっ」と大きい声で呼びました。

ホワイト：インドネシアに帰ると聞きました。

ティーナ：……。

ホワイト：コソルさんが教えてくれたんです。ここで待っていれば、必ず会えると思って、2時間前から待っていました。

ティーナ：……。

ホワイト：日本に戻ってくるんでしょう？

ティーナ：ええ、仕事もあるし、そのつもりです……。

ホワイト：いつ？

ティーナ：わかりません。

ホワイト：戻る日が決まったら、必ず連絡してくださいね。

ティーナ：……。

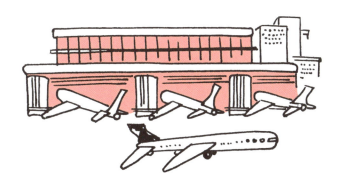

 考えてみよう

問題1　完全な文（full sentence）で答えましょう。

❶ ①あのときはいつのことですか。

----

❷ どうしたら、ビデオカメラの使いかたがわかりますか。

----

❸ ビデオカメラが故障したら、どうしますか。

----

❹ どうして、ビデオカメラの値段を内緒にしなければなりませんか。

問題2　どう思いますか。（What do you think?）

❶ 京都の写真の絵を描きましょう。

❷ ティーナさんは、日本に戻る日が決まったら、ホワイトさんに連絡すると思いますか。それは、どうしてですか。

ことばと表現

問題1 例のように、（　）のことばを、正しい形に変えましょう。

解答例 （絵）→　　絵の　　とおりに使ってください。

❶ わたしが（言いました）→ _____ とおりにしてください。

❷ （説明書）→ _____ とおりに作ってください。

❸ あなたが（聞きました）→ _____ とおりに書いてください。

問題2 例のように、（　）のことばを、正しい形に変えましょう。

解答例 マニュアルを（見ます）→　　見れ　　ば、わかりますか。

❶ 9時に（来ます）→ _____ ば、間に合います。

❷ ボタンを（押します）→ _____ ば、切符が出ます。

❸ もっと（軽いです）→ _____ ば、買いたいです。

❹ （練習します）→ _____ ば、上手になります。

❺ 成績が（いいです）→ _____ ば、合格できます。

問題3 例のように、_____に入ることばを考えて、文を完成しましょう。

解答例 お父さんが見たいですから、　　フォトブックを入れて　　おきました。

❶ 友達が家に来ますから、_____ おきます。

❷ 明日から旅行に行きますから、_____ おきます。

❸ 来週、テストがありますから、_____ おきます。

Chapter 18 なぐさめられました

　ティーナさんは、インドネシアの空港に着きました。お母さんとお姉さんが迎えに来てくれました。インドネシアは暑くて人がとても多いです。車の窓から町が見えます。高くて大きな木が道の両側にあって、赤や黄色の花が咲いています。自転車で荷物を運んでいる人や、道で新聞を売っている人などがいます。みんなが元気に働いているのを見て、ティーナさんも少し元気になりました。

　家に着いて、自分の部屋に入りました。日本へ行く前と同じです。壁に、ホワイトさんとアメリカで撮った写真がはってあります。お母さんが、ベッドにきれいなカバーを掛けておいてくれました。ティーナさんは、今、とても優しい気持ちになりました。

お母さん ： ティーナ、コーヒーを飲みましょう。

ティーナ ： うわー、うれしい。インドネシアのコーヒーだ。

お姉さん ： 疲れたでしょう？

ティーナ ： ううん。家に帰ってみんなの顔を見たら、安心した。やっぱり家はいいなあ。

お母さん ： 日本はどう？　慣れた？　食べ物は大丈夫？

読んだ日　　年　　月　　日

ティーナ：日本はとてもきれいな国よ。日本の料理は、始めは食べられなかったの。でも、今は、お刺身も食べられるようになったの。

お姉さん：えー？　お刺身？　生の魚でしょう？

ティーナ：おいしいよ。日本人は本当にお刺身が好き。

お母さん：日本語は？

ティーナ：あまり上手じゃないの。でも、買い物ぐらいならできるようになったよ。

お姉さん：日本か……。わたしもいつか行きたいなあ。秋葉原や原宿で買い物したいなあ。

ティーナ：いつでも来てよ。ホワイトさんは日本語が上手だから、案内してくれるよ。ホワイトさんが……。

お母さん・お姉さん：……。

ティーナ：ホワイトさん……。もう会えないかもしれない……。

お母さん：ホワイトさんは、仕事が忙しいのよ。日本人はよく働くのを知っているでしょう？　だから、ちょっと疲れているんじゃない？

ティーナ：でも……。

お姉さん：そう、そう。ちょっと疲れているだけよ。

Chapter 18　なぐさめられました（つづき）

ティーナ ：でも、会社のようこさんが……。

お姉さん ：ティーナは、ホワイトさんのことが好きなんでしょう？

ティーナ ：うん……。

お姉さん ：じゃあ、ようこさんのことは考えなくてもいいよ。ホワイトさんにティーナの気持ちを全部言ったほうがいいよ。大丈夫だよ。

お母さん ：そうよ。ホワイトさんはとてもいい人よ。応援しているのよ。

夜、ティーナさんの家族はレストランで食事をしました。ティーナさんは、お父さんにビデオカメラをプレゼントしました。お父さんは、マニュアルをじっと読んでいます。

お母さん ：お父さん、後で見てください。ゆっくり食事をしましょう。

お父さん ：そうだね。でも、本当にこのビデオはいいねえ。ティーナ、ありがとう。

ティーナ ：「お父さんにプレゼントするの」と言って、安くしてもらったのよ。

お父さん ：これは、日本の会社の製品だけど、マレーシアで作られているんだね。

お姉さん：えー？　本当？　マレーシア？

お父さん：そうだよ。ここに書いてあるよ。

ティーナ：そうよ。日本の電気製品は、アジアの国で作られているのよ。

お母さん：お父さん、マニュアルを見て、使いかたがわかりますか。

お父さん：絵があるから、大丈夫だよ。

家に帰ってから、お父さんは初めてビデオカメラを使いました。家の中や庭などを撮りました。ティーナさん達は、ビデオに向かっていろいろなポーズをしました。それをテレビに映して、大笑いしました。

ティーナさんは、家族と話して、なぐさめられました。お父さんもビデオカメラをとても喜んでくれました。ティーナさんは、とても幸せな気持ちになりました。

❓ 考えてみよう

問題1　完全な文 (full sentence) で答えましょう。

❶ ティーナさんの部屋に、どんな写真がありましたか。

------

❷ ティーナさんは、日本でどんなことができるようになりましたか。

------

❸ このビデオカメラは、どこで作られましたか。

------

❹ ティーナさんは家族に会って、どんな気持ちになりましたか。

問題2　どう思いますか。(What do you think?)

❶ ティーナさんは、日本に戻ったほうがいいと思いますか。それは、どうしてですか。

ことばと表現

問題1 例のように、受身形 (passive form) を書きましょう。 解答例 書きます→書かれます

① 読みます →＿＿＿＿＿＿＿＿　　② 食べます →＿＿＿＿＿＿＿＿

③ 調べます →＿＿＿＿＿＿＿＿　　④ 誘います →＿＿＿＿＿＿＿＿

⑤ 来ます →＿＿＿＿＿＿＿＿　　⑥ 心配します →＿＿＿＿＿＿＿＿

問題2 例のように、（　）のことばを、正しい形に変えましょう。

解答例 お刺身も（食べます）→　食べられる　ようになったの。

① 日本語が（話します）→＿＿＿＿＿＿＿＿ようになりました。

② 車の運転が（します）→＿＿＿＿＿＿＿＿ようになりました。

③ スマホで動画が（見る）→＿＿＿＿＿＿＿＿ようになりました。

④ 新しいソフトが（使います）→＿＿＿＿＿＿＿＿ようになりました。

問題3 例のように、（　）のことばを、正しい形に変えましょう。

解答例 もう、（会えません）→　会えない　かもしれません。

① パーティーに（行きません）→＿＿＿＿＿＿＿＿かもしれません。

② 友達は、もう（帰りました）→＿＿＿＿＿＿＿＿かもしれません。

③ あの店のケーキは（おいしいです）→＿＿＿＿＿＿＿＿かもしれません。

④ この書類は明日（出してもいいです）→＿＿＿＿＿＿＿＿かもしれません。

Chapter 19　さびしかったんです

　ティーナさんは、二週間、家族と一緒にいました。友達に会ったり、買い物をしたりして、楽しく過ごしました。日本に戻る前に、お土産を買いに行きました。家の近くに新しいデパートができたので、行ってみました。ホワイトさんのお土産に、ネクタイを買いました。

ティーナ：あれっ？　サラさん？

サラ　　：あー、ティーナさん。久しぶりー。

ティーナ：本当に久しぶり。

サラ　　：日本で結婚するって聞いたけど……。

ティーナ：まだなの。仕事が休みだから、二週間だけ帰ってきたのよ。

サラ　　：結婚の準備でしょう？　おめでとう。

　サラさんは高校の同級生で、二年前に結婚しました。去年、子どもが生まれて、赤ちゃんを抱いています。ティーナさんは、サラさんと話して、とてもうらやましくなりました。そして、日本に戻って、ホワイトさんに自分の気持ちをきちんと伝えようと思いました。

| 読んだ日 | 年　　月　　日 |

　ティーナさんが日本の空港に着いたとき、強い雨が降っていました。夜だし、荷物も多いし、タクシーで帰ろうと思いました。そのとき

ホワイト：ティーナさん。

ティーナ：ホワイトさん。来てくれたんですか。

ホワイト：もちろんですよ。わたしの婚約者が戻ってきたんですから……。

ティーナ：ホワイトさん……。

ホワイト：先週、車を買ったんですよ。わたしの車で帰りましょう。

ティーナ：えっ？　車？　高かったでしょう？

ホワイト：田中部長が新しい車を買ったので、古い車をわたしにゆずってくださったんです。安くしてくださって、ラッキーでした。

ティーナ：すごーい。

ホワイト：みんなに「結婚するなら、絶対に車があったほうがいいよ」と言われたんです。荷物を運ぶのに便利ですからね。

ティーナ：えっ？　結婚？　誰と……？

ホワイト：わたしの婚約者が戻ってきたと言ったでしょう。さあ、車へ行きましょう。

Chapter 19 さびしかったんです（つづき）

ティーナさんは歩きながら泣いていました。

ホワイトさんの車は、小さいですがとてもきれいです。荷物もたくさんのせられて便利です。ホワイトさんは、運転しながら話しました。

ホワイト：ティーナさんがインドネシアに帰ってから、いろいろ考えました。コソルさんとマリアさんに怒られました。ティーナさんと結婚するかどうか、ちゃんと考えたほうがいいと言われました。

わたしは、会社の仕事が忙しくなって、そして、仕事が面白くなったんです。毎日、ようこさんと仕事をしていたし、彼女も優しいし……。わたしは、わからなくなってしまいました。

ティーナさんが帰ってから、昔の写真を見て、いろいろ考えました。考えながら、ティーナさんがいなくて、本当にさびしくなったんです。いつ日本に戻って来るか、ずっと連絡を待っていました。ようこさんに会わなくてもさびしくないんです。

ティーナさん、わたしが悪かったんです。本当にごめんなさい。許してくれますか……？

ティーナ：ホワイトさん……。

ホワイト：約束どおり、結婚してくれますか。

ティーナ：もちろんですよ。日本に戻って来てよかった……。

ホワイト：あー、よかったー。それで……。

ティーナ：何ですか。

ホワイト：来月、わたしの両親が日本に来るんです。ですから、来月結婚式をしましょう。ちょっと忙しいかもしれませんが、小さいパーティーをしましょう。

ティーナ：うれしい。でも、待ってください。ドレスもないし、結婚式は自分でケーキを作りたいし、友達も呼びたいし、新しいアパートに住みたいし、家具も食器もゆっくり選びたいし……。無理です。間に合いません。

ホワイト：ティーナさん。ドレスは借りられるし、アパートなどはゆっくり決めましょう。家族と友達に来てもらえればいいですよ。

ティーナ：そうですね。

二人は久しぶりに大きな声で笑いました。

❓ 考えてみよう

問題1　完全な文 (full sentence) で答えましょう。

❶ どうして、ティーナさんは、サラさんのことがうらやましいのですか。

------

❷ どうして、ホワイトさんは、安く車が買えましたか。

------

❸ ホワイトさんは、コソルさんとマリアさんに、どんなことを言われましたか。

------

❹ どうして、ホワイトさんは、ティーナさんと結婚しようと思いましたか。

問題2　どう思いますか。(What do you think?)

❶ ホワイトさんとティーナさんは、どんな性格でしょうか。

・ホワイトさん

・ティーナさん

------

❷ あなたがティーナさんだったら、ホワイトさんを許しますか。

ことばと表現

問題1 例のように、（　）のことばを、丁寧な言い方 (polite expression) に変えましょう。

解答例　安くして（くれました）→　くださいました。

❶ 先生がプレゼントを（くれました）→ ＿＿＿＿＿＿＿＿＿＿＿＿＿＿＿。

❷ 先生にプレゼントを（もらいました）。→ ＿＿＿＿＿＿＿＿＿＿＿＿＿＿＿。

❸ 友達のお母さんが車で連れて行って（くれました）→ ＿＿＿＿＿＿＿＿＿＿＿＿＿＿＿。

❹ 友達のお母さんに車で連れて行って（もらいました）→ ＿＿＿＿＿＿＿＿＿＿＿＿＿＿＿。

❺ 漢字の読みかたを教えて（くれませんか）→ ＿＿＿＿＿＿＿＿＿＿＿＿＿＿＿。

❻ 漢字の読みかたを教えて（もらえませんか）→ ＿＿＿＿＿＿＿＿＿＿＿＿＿＿＿。

問題2 例のように、（　）のことばを、正しい形に変えましょう。

解答例　新しいデパートができたので、（行きます）＋みました→　行ってみました。

❶ 昨日、たこ焼きを（食べます）＋みました→ ＿＿＿＿＿＿＿＿＿＿＿＿＿＿＿。

❷ お酒を（飲みます）＋みました→ ＿＿＿＿＿＿＿＿＿＿＿＿＿＿＿。

❸ ピアノを（練習します）＋みます→ ＿＿＿＿＿＿＿＿＿＿＿＿＿＿＿。

❹ 来週、日本料理を（作ります）＋みます→ ＿＿＿＿＿＿＿＿＿＿＿＿＿＿＿。

❺ 先週、初めてパーティーに（行きます）＋みました→ ＿＿＿＿＿＿＿＿＿＿＿＿＿＿＿。

Chapter 20 婚活パーティーに行ってみます

　ようこさんは、ホワイトさんが結婚すると聞いて、ショックを受けてしまいました。ようこさんは、ホワイトさんと仕事をして、日本語で話せるようになって、本当に楽しかったです。そして、だんだん好きになりました。ティーナさんのことは知っていましたが、きっと、自分を選んでくれると思っていました。ホワイトさんの結婚が信じられません。ホワイトさんの気持ちが本当かどうか①確かめようと思いました。

ようこ　　：ホワイトさん、ちょっと話したいんですが……いいですか。

ホワイト：あっ、ようこさん。あのー、実は……わたしは来月……。

ようこ　　：ええ、知っています。結婚するんでしょう？　ティーナさんと。

ホワイト：はい、いろいろ考えて決めました。

ようこ　　：そうですか。

　　　　　　ホワイトさん、わたしもホワイトさんが……。

ホワイト：ようこさん、言わないでください。②わたしもわかっています。

　　　　　　仕事を手伝ってくれたり、お茶をいれてくれたり、机を片付けてくれたり……本当にうれしかったんです。

| 読んだ日 | 年　　月　　日 |

ようこ　：わたしはホワイトさんのために……。手伝いたかったんです。ホワイトさんが喜んでくれるように、それだけを考えていました。……結婚おめでとうございます。

ホワイト：ようこさん……。

ようこさんは、今にも泣きそうになっていました。でも、ホワイトさんは、優しいことばを何も言ってあげることができませんでした。

ようこさんが家に帰ると、お母さんから宅配便が届いていました。両親が作ったおいしそうな野菜とくだものが入っています。両親は、いつもようこさんのことを心配しています。

ようこさんは、荷物を見ながら泣いてしまいました。そして、ホワイトさんと残業したこと、食事に行ったこと、ティーナさんに会ったことなどを思い出して、涙が止まらなくなりました。

ホワイトさんは結婚してしまいます。会社を辞めたほうがいいでしょうか。ふるさとに帰ったほうがいいでしょうか。いろいろなことを考えました。

Chapter 20 婚活パーティーに行ってみます（つづき）

次の日、田中部長とホワイトさんとようこさんは、一緒に昼ご飯を食べました。

田中部長：ホワイトさん、結婚式の準備は間に合いそう？

ホワイト：あ、はい、大丈夫です。

ようこ　：最近、ホワイトさんは本当に幸せそうですよね。うらやましいです。

田中部長：今井さんは、どうなの？　結婚とか……。

ようこ　：えっ？　わたしは……。

ホワイト：部長、それは……。えっと、セクハラに……。

田中部長：そうだ、そうだ。今井さん、③失礼。

ようこ　：いえ、大丈夫です。わたし、今、募集中なんです。

　　　　　部長、どなたか紹介してくださいませんか。

田中部長：うーん、今井さんに合いそうな人ねえ……。

ようこ　：今度、婚活パーティーに行こうと思っているんです。

田中部長・ホワイト：婚活パーティー？

ようこ　　：そうです。今、はやっているんですよ。結婚相手を探している人が集まって、パーティーをするんです。

ホワイト　：そういうパーティーは大丈夫なんですか。危険すぎませんか。

田中部長　：そうそう。最近は変な事件も多いからね。ストーカーとか……。

ようこ　　：大丈夫ですよ。パーティーだと話しやすいし、いろんな人に会えますからね。週末、行ってみるつもりなんです。

ホワイトさんは、とても複雑な気持ちになりましたが、何も言うことができませんでした。

❓ 考えてみよう

問題１　完全な文 (full sentence) で答えましょう。

❶ ようこさんは、何を①確かめようと思いましたか。

------

❷ ②わたしもわかっていますは、誰が、何をわかっているのですか。

------

❸ ようこさんは、いろいろ考えて、これからどうしようと思いましたか。

問題２　どう思いますか。(What do you think?)

❶ どうして、田中部長はようこさん（今井さん）に③「失礼」と言ったのでしょうか。

------

❷ あなたはようこさんに、どんなアドバイスをしてあげますか。

ことばと表現

問題1 例のように、（ ）のことばを、正しい形に変えましょう。

解答例 ようこさんは、今にも（泣きます）→ 泣き そうになっていました。

❶ 雨が（降ります）→ _____ そうです。

❷ スマホが（壊れます）→ _____ そうです。

❸ ボタンが（取れます）→ _____ そうです。

❹ （おいしいです）→ _____ そうなケーキです。

❺ （楽しいです）→ _____ そうに笑っています。

❻ （親切です）→ _____ そうな人です。

問題2 ____ に入ることばを考えて、例のように、文を完成しましょう。

解答例 婚活パーティーは、 危険 すぎます。

❶ _____ すぎて、足が痛くなりました。

❷ 値段が _____ すぎて、買えません。

❸ このゲームは _____ すぎて、面白くありません。

❹ この説明書は絵があって、_____ やすいです。

❺ 和楽市は店がたくさんあって、_____ やすいです。

❻ この服は軽くて、_____ やすいです。

Chapter 21 洋室にしていただけませんか

　ホワイトさんとティーナさんは、新しいアパートを探しているところです。二人は、清住市に住むか和楽市に住むか、迷っています。清住市は、ホワイトさんの職場に近くて便利ですが、家が少なくて住みにくいかもしれません。和楽市なら自然もあって、住みやすそうです。二人は、地図やアパートの間取りを見ながら話し合っていますが、なかなか決められません。

ホワイト：ぼくは、清住市の「グリーンアパート」がいいと思うな。

ティーナ：どうして？　ジョージの会社に近くて便利だからでしょう。

ホワイト：じゃあ、和楽市の「アップル荘」のほうがいいかな。でも、和楽市は会社からちょっと遠いし……。

ティーナ：ジョージは自分のことしか考えていないでしょう。これから二人で生活するんだから、わたしのことも考えてよ。

ホワイト：わ、わかっているよ。「アップル荘」のほうが住みやすいかもしれないね。

ティーナ：かもしれないじゃなくて、絶対ね。

ホワイト：そう、そう。じゃあ、「アップル荘」に決めようか。

ティーナ：本当？　いいの？

ホワイト：もちろん。ティーナが決めればいいんだよ。

ティーナ：うれしい。でもね、この名前がねー。嫌いなの。

ホワイト：名前？　名前は変えられないよ。

ティーナ：「アップル荘」は「りんごの家」という意味でしょう。変な名前。

ホワイト：そんなことを言われても、ぼくには変えられないし……。

ティーナ：それから、和室しかないのも、ちょっとね。ベッドのほうがいいから、洋室もほしいなあ。洋室に改装してもらえるかな。

ホワイト：どうかなー。

ティーナ：ジョージと話しても何もわからないからだめね。とりあえず、「アップル荘」を見に行きましょう。いろいろ説明してくれるはずよ。

二人は、不動産屋さんと一緒に「アップル荘」を見に来ました。

ホワイト：古いけどきれいなアパートだね。

ティーナ：そうだけど、中を見ないとわからないよ。

不動産屋：どうぞ、どうぞ、中に入ってください。

ホワイト：いいですねー。

広さもちょうどいいし、キッチンもきれいで、使いやすそうですね。

Chapter 21 洋室にしていただけませんか（つづき）

不動産屋：はい、前の方が出た後に、キッチンのリフォームをしてあります。先週、終わったばかりです。

ホワイト：わたしは料理が好きなので、二人で作ることもあるんです。

不動産屋：それはいいですね。気に入っていただけたでしょうか。

ティーナ：あのー、ちょっと聞きたいんですが……。部屋を一つ洋室にしていただけませんか。

不動産屋：洋室にですか……。

ホワイト：和室が嫌いではないのですが、ベッドで寝る習慣なので……。

不動産屋：あー、そうですねえ。うーん。外国の方ですし、そうですねえー。わかりました。一部屋、洋室に改装しましょう。

ホワイト：えー、いいんですか。①それはうれしいなあ。ねえ、ティーナ。

ティーナ：それから……。

不動産屋・ホワイト：えっ、何ですか。

ティーナ：家賃なんですが。

不動産屋：お家賃は、申し訳ありませんが、変えられないんです。

ティーナ：ええ、わかっています。清住市のアパートも見たんですが、そこより3,000円も高いんです。どうしてですか。

不動産屋：あー、こちらは管理のお金も含まれているんです。

ホワイト：管理のお金？

不動産屋：そうなんです。たとえば、もし、どろぼうに入られた場合は、すぐにセキュリティ会社が来ます。先週も、近くにどろぼうが入ったそうですよ。

ホワイト：それは、安心ですね。わたしたちは帰ってくるのが遅いし……。ティーナ、ここに決めようよ。

不動産屋：ありがとうございます。引っ越しの日が決まったら、教えてください。②それまでに、洋室にしておきます。

ホワイト：ありがとうございます。これから、よろしくお願いします。いいアパートを紹介してもらってよかったね。ティーナ。

ティーナ：そうね……。でも、名前が……。

不動産屋：えっ？　何でしょうか。

ホワイト：いえ、いえ、何でもないんです。

考えてみよう

問題1 完全な文(full sentence)で答えましょう。

❶ どうして、ティーナさんは、「グリーンアパート」より「アップル荘」のほうがいいのでしょうか。

❷ ティーナさんが「アップル荘」で、変えたいことを二つ書いてください。

❸ どうして、「アップル荘」は、ほかのアパートより家賃が高いのでしょうか。

❹ ①それは、何を指していますか。

❺ ②それは、何を指していますか。

問題2 どう思いますか。(What do you think?)

❶ ホワイトさんとティーナさんの性格は、どんな点が違いますか。
・ホワイトさんの性格

・ティーナさんの性格

ことばと表現

問題1 例のように、＿＿＿に入ることばを考えて、文を完成しましょう。

解答例 先週、終わった ばかりです。

① 昼ご飯を ＿＿＿＿＿＿＿＿＿＿＿ ばかりですから、おなかがいっぱいです。

② さっき、空港に ＿＿＿＿＿＿＿＿＿＿＿ ばかりです。

③ 昨日、＿＿＿＿＿＿＿＿＿＿＿ ばかりなのに、壊れてしまいました。

④ ＿＿＿＿＿＿＿＿＿＿＿ ばかりなのに、忘れてしまって困っています。

⑤ 日本語の勉強を ＿＿＿＿＿＿＿＿＿＿＿ ばかりなので、ひらがなしか読めません。

問題2 伝聞(hearsay)の意味になるように、(　)のことばを、正しい形に変えましょう。

① 明日は雨が（降ります）→ ＿＿＿＿＿＿＿＿＿＿＿ そうです。

② 鈴木さんはパーティーに（来ません）→ ＿＿＿＿＿＿＿＿＿＿＿ そうです。

③ 鈴木さんはどろぼうを（見ました）→ ＿＿＿＿＿＿＿＿＿＿＿ そうです。

④ 映画は（面白かったです）→ ＿＿＿＿＿＿＿＿＿＿＿ そうです。

⑤ 電車よりバスのほうが（便利です）→ ＿＿＿＿＿＿＿＿＿＿＿ そうです。

⑥ 鈴木さんはタイ料理を（食べたことがありません）→ ＿＿＿＿＿＿＿＿＿＿＿ そうです。

⑦ 鈴木さんは小学校の（先生です）→ ＿＿＿＿＿＿＿＿＿＿＿ そうです。

Chapter 22 結婚式の準備

　ホワイトさんとティーナさんは、結婚式の準備でとても忙しくなりました。まず、結婚式の場所をさがさなければなりません。雰囲気のいい教会が、どこにあるかわかりません。ドレスも、どこで借りればいいかわかりません。

ホワイト　：先生、わたしは来月、結婚することになりました。

鈴木先生　：あらー。おめでとうございます。どなたと？

ホワイト　：ティーナさんです。大学の友達です。

鈴木先生　：そう、よかったですね。じゃあ、準備で忙しいでしょう？

ホワイト　：はい、急に決まったんです。それで、彼女のドレスがなくて、困っています。どこで借りられますか。先生、ご存じでしたら教えていただけませんか。

鈴木先生　：ドレスねえ……。もし、よかったら、わたしの娘のドレスがありますよ。二年前の結婚式で着たんです。

ホワイト　：本当ですか。いいんですか。

鈴木先生　：ええ、どうぞ。娘もきっと喜ぶと思いますから……。でも、サイズが合うかどうか少し心配ですね。娘は背が低いんですよ。ティーナさんは背が高いですか。

| 読んだ日 | 年　月　日 |

ホワイト：ティーナさんの身長(しんちょう)ですか。えーと、わたしより少し低いです。

鈴木先生：それじゃあ、ちょっと直(なお)さないと無理(むり)かもしれませんね。わかりました。わたしが直すことにします。

ホワイト：本当にありがとうございます。先生も、ぜひ、パーティーにいらっしゃってください。

鈴木先生：まあ、わたしも招待(しょうたい)してくださるの？
楽(たの)しみにしていますね。困ったことがあったら、何(なに)でも言ってくださいね。お手伝(てつだ)いしますよ。

ホワイト：先生、ありがとうございます。

鈴木先生：ホワイトさんは、日本に来てから、本当にお仕事(しごと)と日本語(にほんご)の勉強(べんきょう)を一(いっ)生(しょう)けん命(めい)がんばってきましたよね。日本語もどんどん上手(じょうず)になっていて、いつも感心(かんしん)しているんですよ。

ホワイト：本当ですか。うれしいです。

Chapter 22 結婚式の準備（つづき）

　結婚式の準備はいろいろ大変です。ホワイトさんは、水曜日の会議が終わった後で、田中部長にパーティーの相談をしました。田中部長は、ホワイトさんが結婚するのをとても喜んでいます。ホワイトさんは、田中部長に「パーティーで歌を歌わせてほしい」と言われました。それから、「ティーナさんが着物を着るのもいいね」とも言われました。

　ホワイトさんも、ティーナさんが着物を着るのを見てみたいと思いました。

　ホワイトさんは、ティーナさんに電話で相談しました。

ホワイト：こんばんは。今日、鈴木先生にドレスのことを聞いてみたよ。娘さんのドレスを貸してくださるそうだよ。

ティーナ：うわー、よかった。どんなドレスか楽しみ。

ホワイト：それから、田中部長にパーティーのときは、着物を着たらどうかって言われたんだ。どう思う？

ティーナ：着物？　そうね、日本で結婚式をするんだから、着てみたい……。

ホワイト：京都のマリアさんなら持っていそうだね。

ティーナ：そうね。メールして聞いてみる。

ホワイト：じゃあ、お願い。準備と仕事で忙しいだろうけど、大丈夫？

ティーナ：もちろん、大丈夫。元気いっぱいよ。毎日、楽しい。

? 考えてみよう

問題 I　完全な文 (full sentence) で答えましょう。

❶ 二人は、結婚式のドレスはどうしますか。

------

❷ 鈴木先生は、ドレスのどんなことが心配ですか。

------

❸ 田中部長は、結婚式のパーティーで何をしますか。

------

❹ ティーナさんは、パーティーのとき、何を着るつもりですか。

問題2　どう思いますか。(What do you think?)

❶ ティーナさんは、マリアさんへ出すメールに、何と書くでしょうか。ティーナさんのことばを考えましょう。

マリアさん、_____

_____

❷ あなたも二人の結婚式に招待されました。何をプレゼントしたいですか。

_____

ことばと表現

問題1　例のように、使役形 (causative form) を書きましょう。　解答例　書きます→書かせます

❶ 読みます　→ _____　　❷ 聞きます　→ _____

❸ 取ります　→ _____　　❹ 食べます　→ _____

❺ 調べます　→ _____　　❻ 誘います　→ _____

❼ 来ます　　→ _____　　❽ 心配します→ _____

問題2　例のように、尊敬語(respectful expressions)の特別な動詞に変えましょう。

解答例　知っています → ご存じです

❶ 来ます・行きます・います → _____

❷ くれます → _____

❸ 食べます・飲みます → _____

❹ 言います → _____

❺ 見ます → _____

❻ します → _____

問題3　「ことになりました」か「ことにしました」を使って、文を完成しましょう。

解答例　ティーナさんは、マリアさんに（メールします）→ メールすることにしました。

❶ 部長に言われて、明日、大阪へ（行きます）→ _____。

❷ 旅行したいので、（アルバイトをします）→ _____。

❸ 和楽市では、来月から燃えるごみと燃えないごみに

（分けます）→ _____。

❹ 運動不足なので、エスカレーターを（使いません）→ _____。

❺ ホワイトさんは、田中部長に言われて、毎週水曜日、会議に

（出ます）→ _____。

Chapter 23 結婚式

今日は、二人の結婚式です。たくさんの人が教会に集まっています。

ホワイトさんは黒いスーツを着て、ティーナさんは鈴木先生の娘さんにお借りしたドレスを着ています。ティーナさんは、昨日の夜、緊張であまり眠れませんでした。ホワイトさんは、会社の人達と夜遅くまでお酒を飲んでいて、ちょっと頭が痛そうです。ホワイトさんの両親も来ています。ティーナさんの両親とお姉さんは、今朝、着いたばかりです。みんなとてもうれしそうに話をしています。コソルさんは、いろいろなことをしなければならないので、本当に忙しそうです。教会の中をあっちへ行ったり、こっちへ来たりしています。マリアさんも着物を持って、京都から来てくれました。

田中部長が奥さんと一緒に来ました。

田中部長：ホワイトさん、本日はおめでとうございます。こちらは妻です。

ホワイト：部長、今日は来てくださってありがとうございます。奥様にもお目にかかれてうれしいです。

田中部長の奥さん：ホワイトさん、主人からいろいろお話を聞いておりますよ。本当によかったですね。おめでとうございます。

田中部長：	準備は大丈夫？　昨日、飲みすぎたんじゃないのか。
ホワイト：	いえ、いえ、大丈夫です。ちょっと緊張していますが、がんばります。
田中部長：	指輪はちゃんと持っているよね。時々、忘れる人がいるんだよ。
ホワイト：	大丈夫です。ちゃんとポケットに……あれっ？……ない。
田中部長：	えーっ！　もっとよく見て。どこかに置いたんじゃないのか。
ホワイト：	忘れないように、机の上に置いておいたのに……。ポケットに入れたはずなのに……。どうしよう……。
田中部長：	それは大変だ。取りに帰れるか。
ホワイト：	えー、でも、お客様もいらっしゃったし……。
ティーナ：	ジョージ、どうしたの？　顔色が悪いよ。飲みすぎ？
ホワイト：	大丈夫。ちょっとコソルさんと話すから、隣の部屋に行くね。
ティーナ：	ええ。でも、鈴木先生もお着きになったから、急いでね。
ホワイト：	うん。

　ホワイトさんはコソルさんを探しました。コソルさんは教会の人と話しているところです。ホワイトさんを見て、うれしそうに笑いました。

Chapter 23 結婚式（つづき）

コソル　　：ホワイトさん、こちらは大丈夫ですから、ティーナさんやお客さんと一緒にいてくださいよ。

ホワイト　：それが……。指輪を家に忘れてしまったんです。

コソル　　：はーっ？　指輪って、結婚式の？

ホワイト　：今日のために高いのを買ったのに……。

コソル　　：値段なんか関係ないでしょう。大変だー。わたしが取りに行きます。

ホワイト　：いやあ、でも、悪いなあ……。

コソル　　：早く！　鍵！　もし、わたしが結婚式に間に合わなかったら、田中ご夫妻か誰かの指輪を借りてくださいね。指輪がないと、結婚式はできませんよ。

ホワイト　：コソルさん、本当に申し訳ない。お願いします。

コソルさんは、ホワイトさんの鍵を持って、走って行きました。

教会の人　：そろそろ、お式が始まります。皆様、中にお入りください。

そのとき、ようこさんが教会に入ってきました。ティーナさんにきれいな花束を渡しながら「おめでとう。幸せになってね。わたしも婚活パーティーがんばっているのよ」と言いました。ティーナさんはこれが一番うれしかったです。

ホワイトさんは二人を見て、本当によかったと思いました。

コソル　：ホワイトさん、ホワイトさん。指輪。たった今、戻ってきたところです。
　　　　　間に合ってよかった。

コソルさんは、ホワイトさんのポケットにそっと指輪を入れました。

これから結婚式が始まります。

❓ 考えてみよう

問題1 完全な文 (full sentence) で答えましょう。

❶ ティーナさんの家族は、いつ来ましたか。

------

❷ ホワイトさんは、どんな失敗をしましたか。

------

❸ コソルさんが間に合わない場合は、ホワイトさんはどうしますか。

問題2 どう思いますか。 (What do you think?)

❶ ホワイトさんにお祝いのメッセージを書きましょう。

------

❷ ティーナさんにお祝いのメッセージを書きましょう。

------

❸ Chapter23を読んで、あなたはどんな気持ちになりましたか。

ことばと表現

問題1 例のように、（　）のことばを、謙譲語 (humble language) に変えましょう。

[解答例] 奥様にも（会いました）→　お目にかかりました。

❶ 先生の部屋に（行きます）　　　　　　　　　　　　　　　　　。

❷ 明日の予定は、もう田中部長に（言いました）→　　　　　　　　　　　　　　　　　。

❸ お客様のチケットを（見ます）→　　　　　　　　　　　　　　　　　。

❹ 明日はずっと家に（います）→　　　　　　　　　　　　　　　　　。

問題2 例のように、（　）のことばを、「お／ご〜ください」を使って書き直しましょう。

[解答例] 皆様、中に（入ってください）→　お入りください。

❶ 少々、（待ってください）→　　　　　　　　　　　　　　　　　。

❷ パスポートを（見せてください）→　　　　　　　　　　　　　　　　　。

❸ こちらにお名前を（書いてください）→　　　　　　　　　　　　　　　　　。

❹ 明日、（連絡してください）→　　　　　　　　　　　　　　　　　。

❺ 時間がありませんから（急いでください）→　　　　　　　　　　　　　　　　　。

問題3 （　）のことばを、尊敬語 (respectful language)「お〜になります」か、謙譲語「お〜します」を使って書き直しましょう。

[解答例] 鈴木先生が（着きました）→　お着きになりました。

❶ わたしが、その荷物を（持ちます）→　　　　　　　　　　　　　　　　　。

❷ わたしが、空室があるかどうか（探します）→　　　　　　　　　　　　　　　　　。

❸ 田中部長が、パーティーで歌を（歌いました）→　　　　　　　　　　　　　　　　　。

❹ 鈴木先生は、もう（帰りました）→　　　　　　　　　　　　　　　　　。

❺ わたしが、その質問に（答えます）→　　　　　　　　　　　　　　　　　。

Chapter 24 新婚旅行

結婚式とパーティーが終わって、ホワイトさんとティーナさんは「アップル荘」に帰ってきました。

ホワイト：いい結婚式だったね。

ティーナ：ええ、パーティーも楽しかった。でも、コソルさんは本当に忙しそうで、何も食べられなかったと思う。

ホワイト：そうだったね。パーティーの準備も全部お願いして、悪かったな。

ティーナ：一番悪いのはジョージでしょう。コソルさんに指輪を取りに行かせるなんて、信じられない。

ホワイト：コソルさんのおかげで、本当に助かったよ。

ティーナ：旅行に行ったら、絶対にお土産を買いましょう。

ホワイト：そうだね。忘れないようにしなければ……。

ティーナ：ジョージもパーティーで大変だったよね。

ホワイト：そうだよ。会社の人に「歌を歌え！」と言われて、困ったよ。

ティーナ：上手だったよ。初めてジョージのカラオケを聞いたのよ。

ホワイト：恥ずかしかったよ。田中部長の歌も面白かったね。

ティーナ：そうそう、歌いながら踊ったよね。みんな大笑いだったね。

ホワイト：ぼくは、ティーナの着物姿が一番きれいだと思ったよ。

ティーナ：本当？　うれしい。

ホワイト：着物を着るのは大変だった？

ティーナ：そう、本当に大変だった。鈴木先生と田中部長の奥さんが、手伝ってくださったの。

ホワイト：えっ、マリアさんの着物でしょう？

ティーナ：マリアさんは着物は好きだけど、どうやって着るのか知らないそうよ。着物は重くて苦しかったけど、いい思い出になった。写真が楽しみ。

ホワイト：明日から新婚旅行だけど、天気はどうかな。

ティーナ：外を見て。星がたくさん出ているから、いい天気になりそうよ。

ホワイト：でも、天気予報によると、雨が降るそうだよ。

ティーナ：えー。ジョージ、雨なら行きたくないわよ。どうにかしてよ。

ホワイト：そんなこと言っても、無理だよ。

ティーナ：わたしは絶対に富士山が見たいの。絶対に。

ホワイト：富士山が見られなくても、箱根には温泉があるよ。

Chapter 24 新婚旅行（つづき）

ティーナ：富士山が見たいから、箱根に行くんでしょう。「ふじや旅館」は高すぎると思ったけど、温泉から富士山を見るために、ここに決めたんじゃない。

ホワイト：だけど、天気はしょうがないよ。

ティーナ：もし、明日、富士山が見られなかったら、もう一日、仕事を休ませていただけませんかって頼んでよ。「さくら英会話」は大丈夫よ。

ホワイト：いやー、ぼくは、ちょっと……。月末だし……頼みにくいなあ。

ティーナ：ジョージ、ひどい。一生に一度の新婚旅行なのに……。仕事のほうが大切なのね。

ホワイト：いや、①そういう意味じゃないよ。

ティーナ：そういう意味よ。

ホワイト：ティーナ、わかったよ。田中部長に電話してみるよ。富士山を見るまで、帰らないつもりだと言っておいたほうがいいね。

考えてみよう

問題 I 完全な文 (full sentence) で答えましょう。

① ①そういう意味は、何を指していますか。

---

② どうして、田中部長の歌は面白かったのでしょうか。

---

③ どうして、二人は「ふじや旅館」に決めましたか。

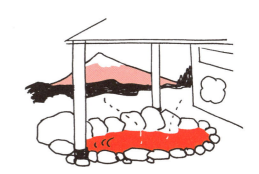

問題2　どう思いますか。(What do you think?)

❶ これから、二人の結婚生活(けっこんせいかつ)はどうなるでしょうか。

_____

_____

❷ 二人の結婚生活がうまくいくように、アドバイスをしてあげてください。

・ホワイトさんへ

_____

・ティーナさんへ

_____

✎ ことばと表現

問題1　例(れい)のように、命令形(めいれいけい)(imperative form)を書(か)きましょう。　解答例 歌います→ 歌え

❶ 急(いそ)ぎます→ _____　❷ 来(き)ます → _____

❸ 寝(ね)ます → _____　❹ 言います → _____

❺ 帰ります → _____　❻ 説明(せつめい)します→ _____

❼ 出(だ)します → _____　❽ 待(ま)ちます → _____

問題2 正しいものに○をつけましょう。

❶ マリアさんの　おかげで・せいで　、京都に泊まることができました。

❷ 事故の　おかげで・せいで　、遅れてしまいました。

❸ ようこさんの　おかげで・せいで　、日本語の書類が作れました。

❹ 鈴木先生が貸してくださった　おかげで・せいで　、ドレスを着ることができました。

❺ 友達が落とした　おかげで・せいで　、カメラが壊れました。

❻ ホワイトさんが指輪を忘れた　おかげで・せいで　、コソルさんは大変でした。

問題3 例のように、＿＿＿＿に使役形のことばを書いて、文を完成しましょう。

[解答例] かぜをひいたので、＿休ませて＿いただけませんか。

❶ パソコンが壊れたので、事務所のを＿＿＿＿＿＿＿＿＿いただけませんか。

❷ 漢字を間違えてしまったので、もう一度＿＿＿＿＿＿＿＿＿いただけませんか。

❸ この資料を家で読みたいので、一枚＿＿＿＿＿＿＿＿＿いただけませんか。

❹ 友達が入院したので、すぐに＿＿＿＿＿＿＿＿＿いただけませんか。

Chapter 25 新しい生活

二人は箱根の「ふじや旅館」に着きました。大きくてとても立派な旅館です。

仲　居：いらっしゃいませ。ホワイト様ですね。お待ちしておりました。
ホワイト：よろしくお願いします。
仲　居：本日は遠いところを、当館をご利用くださいまして、まことにありがとうございます。どうぞこちらにお座りください。すぐにお抹茶をご用意いたします。少々お待ちくださいませ。
ホワイト：あ、はい、ありがとうございます。

ティーナ：ちょっと、ジョージ。抹茶って飲んだことないよ。飲みかたのルールがあるって聞いたことあるけど、知っている？
ホワイト：いやー、覚えてないな。確か、カップを回してから飲んだよ。
ティーナ：ジョージの説明はわからないよ。カップを回すってどういうこと？
ホワイト：大丈夫だよ。教えてくれるから。
仲　居：お待たせいたしました。どうぞ、お召し上がりください。
ティーナ：あのー。飲みかたのルールがわからなくて……。
仲　居：あ、お作法はいいんですよ。どうぞ、ご自由に。
ティーナ：でも、やってみたいんです。
仲　居：そうですか。では左手におちゃわんを置いて、右手で手前に2回回してください。3、4回に分けてお召し上がりくださいね。
ティーナ：ありがとうございます。やってみます。
仲　居：あら、お上手ですね。お味はいかがでしょうか。
ティーナ：おいしいです。初めて飲みました。
仲　居：よかったです。では、こちらからお好きな浴衣をお選びください。

| | 読んだ日　　年　　月　　日 |

ティーナ：うわー、こんなにたくさん。どれもかわいいです。どれにしようかな。決められません。

仲　居：皆様、悩まれますよ。どうぞ、ごゆっくり。

ホワイト：ティーナは花柄が似合うと思うよ。

ティーナ：えー、どうして、ジョージ。わたしは花柄の服なんて一枚も持っていないでしょ。あ、水玉がかわいい、これにします。

仲　居：こちらの紫色に白い水玉ですね。お似合いになりますよ。

二人は、温泉に入って、旅館のごちそうを食べて、本当に楽しくすごすことができました。次の日はお天気もよくて、旅館の露天風呂から美しい富士山を見ることができました。そして、夕方、「アップル荘」に戻ってきました。

ティーナ：ジョージ、本当に素敵な新婚旅行だった。旅館も、富士山も、温泉も、料理も最高だったよ。本当にありがとう。

ホワイト：本当に楽しかったね。旅館の仲居さんも面白かったし。

ティーナ：そうそう、浴衣の着かたを一生けん命教えてくれたよね。

ホワイト：そうだよ。せっかくですから覚えて帰ってくださいって。

ティーナ：ジョージはぜんぜんできないから、5回もやらされたよね。

ホワイト：そうだよ。早く温泉に行きたかったのに。

ティーナ：二人とも必死になっていて、面白かったよ。

ホワイト：それから、朝ご飯の納豆！

ティーナ：ジョージ、食べさせられちゃったね。

ホワイト：ちょっとでいいから、食べてみてって言われたから。あの仲居さん、いい人だったし。

Chapter 25 新しい生活（つづき）

ティーナ：ジョージ、泣きそうな顔だったよ。やっぱりおいしくないの？
ホワイト：いや、それが意外に大丈夫だったよ。体にいいらしいし、これから食べようかなと思っているよ。仲居さんにお礼を言わなくちゃ。
ティーナ：えー、わたしが家にいるときは、食べないでね。

ピンポーン♪
コソルさんとマリアさんから花束とメッセージカードが届きました。

ホワイトさん、ティーナさんへ

お帰りなさい。明日から新しい生活が始まりますね。
これからも二人仲よくがんばってください。
また、旅行の話を聞かせてください。
　　　　　　　　　　　　コソル

ホワイトさん、ティーナさんへ

　お帰りなさい。富士山と温泉はどうでしたか。パーティーでわたしの着物を着てくれてとてもうれしかったです。また、京都に来てね。
　　　　　　　　　　　　マリア

ホワイトさんは、メッセージカードを読みながら、とても幸せな気持ちになりました。

❓ 考えてみよう

問題1 完全な文 (full sentence) で答えましょう。

❶「ふじや旅館」のサービスを二つ書きましょう。

・ --

・ --

❷ 抹茶を飲むときのルール（作法）を説明しましょう。

----

❸ どうして、ホワイトさんは5回も浴衣を着ましたか。

----

❹ ホワイトさんは、納豆を食べてどう思いましたか。

問題2 どう思いますか。(What do you think?)

❶「ふじや旅館」の仲居さんをどう思いますか。

ことばと表現

問題1 仲居さんの言葉には敬語 (honorific expressions) や丁寧な表現が使われています。普通の表現にしましょう。

❶ お待ちしておりました。 → _____

❷ こちらにお座りください。 → _____

❸ 少々お待ちくださいませ。 → _____

❹ どうぞ、お召し上がりください。 → _____

❺ お味はいかがでしょうか。 → _____

❻ 皆様、悩まれますよ。 → _____

❼ お似合いになりますよ。 → _____

問題2 例のように、＿＿に使役受身形 (causative passive form) のことばを書いて、文を完成しましょう。

解答例 一人で買い物に 行かされ・行かせられ ました。

❶ 親に嫌いな野菜を _____ て、嫌でした。

❷ ピアノの先生に何回も練習を _____ ました。

❸ 歌を _____ ので、カラオケは好きではありません。

❹ 重たい荷物を _____ て、手が痛くなりました。

❺ 部長にインターネットで新製品の情報を _____ ました。

終わりに

　ホワイトさんとティーナさんのお話は、これで終わりです。最後に、ホワイトさんとティーナさんにメッセージカードを書きましょう。

ホワイトさん、ティーナさんへ

ふろく Appendix／附录／부록／Phụ lục

- **単語リスト**　Word list／单词表／단어 리스트／Bảng từ vựng
  たんご

- **表現リスト**　Expression list／表达方式列表／표현 리스트／Danh sách các mẫu câu
  ひょうげん

- **文法リスト**　Grammar list／语法一览／문법 리스트／Danh mục ngữ pháp
  ぶんぽう

単語リスト

Word list
单词表
단어 리스트
Bảng từ vựng

ページ	単語		翻訳		

Chapter 1

10	ここ	here	这里（场所，地点）	여기	ở đây
10	駅（えき）	station	车站	역	ga
10	近く（ちか）	near	附近	가까이	gần
10	喫茶店（きっさてん）	coffee shop	咖啡馆	커피숍	quán cà phê
10	いい	good / okay	好 / 可以	좋다	tốt, được không?
10	はい	yes	是	네	vâng, dạ
10	わたし	I / me	我	나	tôi, mình
10	タイ人（じん）	Thai	泰国人	태국인	người Thái
10	アメリカ人（じん）	American	美国人	미국인	người Mỹ
10	～人（じん）	～ people	～人	～인	người ～
10	大学（だいがく）	university	大学	대학	đại học
10	学生（がくせい）	student	学生	학생	học sinh
10	いいえ	no	不	아니요	không
10	会社員（かいしゃいん）	company employee	公司职员	회사원	nhân viên công ty
10	会社（かいしゃ）	company	公司	회사	công ty
10	名前（なまえ）	name	名字	이름	tên
10	車（くるま）	car	汽车	차	xe hơi, xe ô tô
10	カメラ	camera	照相机	카메라	máy ảnh
10	いくつ	how many	几个	몇살	bao nhiêu, mấy
10	～歳（さい）	～ years old	～岁	～살	tuổi
11	それ	that	那（事物离对方较近）	그것은	cái đó, đó là
11	いくら	how much	多少钱	얼마	bao nhiêu tiền
11	～円（えん）	～ yen	～日元	～엔	yên Nhật
11	社員（しゃいん）	employee	员工	사원	nhân viên
11	友達（ともだち）	friend	朋友	친구	bạn bè
12	正しい（ただ）	correct	正确	올바른	đúng, chính xác
12	もの	thing	物	물건	vật, cái, đồ
12	つけます	to put	划上	붙이다	đánh dấu (tròn, maru)
12	違います（ちが）	to be wrong	不对 / 错误	다릅니다/아닙니다	không đúng, sai
12	完全な（かんぜん）	complete	完整的	완전한	hoàn toàn

12	文 ぶん	sentence	文（章）	문	câu
12	答えます こた	to answer	回答，答复	대답합니다	trả lời
13	読みかた よ	how to read	读法	읽는법	cách đọc
13	書きます か	to write	写	씁니다	viết

Chapter 2

14	～週間 しゅうかん	~ week(s)	～周	～주간	tuần lễ
14	去年 きょねん	last year	去年	작년	năm trước
14	一人 ひとり	a person / by oneself	一个人	한사람 /혼자	một người, một mình
14	日本 にほん	Japan	日本	일본	Nhật Bản
14	来ます き	to come	来	오겠습니다	đến
14	アパート	apartment	公寓	맨션	căn hộ
14	家 いえ	house	家	집	nhà
14	自転車 じてんしゃ	bicycle	自行车	자전거	xe đạp
14	行きます い	to go	去	갑니다	đi
14	月曜日 げつようび	Monday	星期一	월요일	thứ hai
14	金曜日 きんようび	Friday	星期五	금요일	thứ sáu
14	朝 あさ	morning	早晨	아침	buổi sáng
14	～時 じ	~ o'clock	～点	～시	～ giờ
14	夕方 ゆうがた	evening	傍晚	저녁	buổi chiều
14	働きます はたら	to work	工作	일합니다	làm việc
14	日本人 にほんじん	Japanese person	日本人	일본인	người Nhật
14	一緒に いっしょ	together	一起	함께/같이	cùng nhau
14	午前 ごぜん	morning	上午	오전	buổi sáng, a.m
14	先生 せんせい	teacher	老师	선생님	giáo viên
14	日本語 にほんご	Japanese (language)	日语	일본어	tiếng Nhật
14	勉強します べんきょう	to study	学习	공부합니다	học
14	午後 ごご	afternoon	下午	오후	chiều, p.m
14	オフィス	office	办公室	오피스/사무실	văn phòng
14	毎日 まいにち	every day	每天	매일	mỗi ngày
14	ことば	words	词汇 / 单词	말씀	từ vựng, ngôn ngữ
14	文法 ぶんぽう	grammar	语法	문법	văn phạm, ngữ pháp
14	覚えます おぼ	to remember	记住	기억합니다	nhớ
14	恋人 こいびと	boyfriend / girlfriend	情侣	연인	người yêu
14	インドネシア人 じん	Indonesian	印度尼西亚人	인도네시아인	người Idonesia
14	同じ おな	the same	相同	같은/같다	giống nhau

14	卒業します そつぎょう	to graduate	毕业	졸업합니다	tốt nghiệp
14	英会話 えいかいわ	English conversation	英语对话	영어 회화	giao tiếp tiếng Anh
15	週末 しゅうまつ	weekend	周末	주말	cuối tuần
15	電車 でんしゃ	train	电车	전차	xe điện
15	バス	bus	巴士	버스	xe buýt
15	先週 せんしゅう	last week	上星期	지난주	tuần trước
15	二人 ふたり	two people / couple	两个人 (人数 / 情侣均可)	두명/두사람	hai người, cặp đôi
15	公園 こうえん	park	公园	공원	công viên
15	さくら	cherry (blossoms)	樱花	사쿠라/벚나무	hoa Sakura, hoa Anh Đào
15	見ます み	to watch / to see	看	봅니다	xem, ngắm
15	（お）弁当 べんとう	lunch box	便当, 盒饭	도시락	cơm hộp, obento
15	食べます た	to eat	吃	먹습니다	ăn
15	先月 せんげつ	last month	上月	지난달	tháng trước
15	今 いま	now	现在, 此刻	지금	bây giờ
15	来年 らいねん	next year	明年	내년	năm sau
15	結婚します けっこん	to get married	结婚	결혼합니다	kết hôn, cưới
16	何 なに	what	什么	무엇/뭐	cái gì, gì
16	歩きます ある	to walk	走	걷습니다	đi bộ
16	します	to do	做	합니다	làm, chơi
16	どこ	where	哪里	어디	ở đâu, đâu
17	入れます い	to insert	放入	넣습니다	cho vào, bỏ vào
17	飛行機 ひこうき	airplane	飞机	비행기	máy bay
17	スーパー	supermarket	超级市场	슈퍼	siêu thị
17	野菜 やさい	vegetables	蔬菜	야채	rau
17	買います か	to buy	买	사겠습니다/삽니다	mua
17	火曜日 かようび	Tuesday	星期二	화요일	thứ ba
17	水曜日 すいようび	Wednesday	星期三	수요일	thứ tư
17	木曜日 もくようび	Thursday	星期四	목요일	thứ năm
17	土曜日 どようび	Saturday	星期六	토요일	thứ bảy
17	日曜日 にちようび	Sunday	星期日	일요일	chủ nhật

Chapter 3

18	プレゼント	present	礼物, 礼品	선물	quà cáp
18	もうすぐ	soon	马上	곧	sắp
18	誕生日 たんじょうび	birthday	生日	생일	sinh nhật
18	あげます	to give	给	줍니다	cho, tặng

18	今年（ことし）	this year	今年	올해	năm nay
18	電話（でんわ）	phone	电话	전화	điện thoại
18	かけます	to call	打	겁니다	gọi (điện thoại)
18	もう	already	已经	이젠	đã (làm gì)
18	まだ	still	还	아직	chưa (làm gì)
18	わかります	to figure out	知道	압니다	hiểu
18	明日（あした）	tomorrow	明天	내일	ngày mai
18	デパート	department store	百货商店	백화점	trung tâm thương mại
19	地下鉄（ちかてつ）	subway	地铁	지하철	tàu điện ngầm
19	会います（あいます）	to meet	见面	만납니다	gặp gỡ
19	いろいろな	various	各种各样的	다양한	nhiều, đa dạng
19	物（もの）	thing	物品	물건	thứ, đồ
19	ネックレス	necklace	项链	목걸이	dây chuyền
19	借ります（かります）	to borrow	借	빌립니다	mượn, thuê
19	夜（よる）	night	夜晚	밤/저녁	đêm, tối
19	カード	card	卡片	카드	thẻ, thiệp
21	本（ほん）	book	书	책	sách
21	もらいます	to receive	得到	받습니다	nhận
21	宿題（しゅくだい）	homework	作业	숙제	bài tập
21	昼ご飯（ひるごはん）	lunch	午饭 / 午餐	점심	cơm trưa, bữa trưa
21	形（かたち）	form	形式	형태	thể, hình thức
21	変えます（かえます）	to change	改变	바꿉니다	chuyển thành, đổi thành

Chapter 4

22	病気（びょうき）	sickness	疾病	병	bệnh
22	今朝（けさ）	this morning	今早	오늘아침	sáng nay
22	飲みます（のみます）	to drink	喝	마십니다	uống
22	ぜんぜん	at all	完全不 / 没···	전혀	hoàn toàn
22	元気（げんき）	energy / health	精神好，健康	건강	khoẻ mạnh
22	あります	to have	有	있습니다	có, ở
22	頭（あたま）	head	头	머리	đầu
22	痛い（いたい）	painful	疼	아프다	đau
22	熱（ねつ）	fever	热	열	sốt
22	少し（すこし）	a little	稍微，一点儿	조금	một chút, hơi
22	これから	now	从现在起	이제부터	từ bây giờ, từ nay về sau
22	病院（びょういん）	hospital	医院	병원	bệnh

22	大丈夫な だいじょうぶ	okay	安全的，安心的，放心的	괜찮은	ổn, không sao
22	タクシー	taxi	出租车	택시	xe taxi
22	薬 くすり	medicine	药	약	thuốc
22	それから	then	然后	그리고	sau đó, và rồi
22	帰ります かえ	to go home	回去	돌아갑니다	về
22	休みます やす	to take time off	休息	쉽니다	nghỉ
23	かぜ	cold	感冒	감기	cảm
23	（かぜを）ひきます	to catch	患（感冒）	걸립니다	bị cảm (động từ đi với từ kaze)
23	心配な しんぱい	worried	担心的	걱정한	lo lắng
23	料理 りょうり	cooking	菜肴	요리	món ăn
23	好きな す	favorite	喜欢，爱好	좋아하는	thích
23	忙しい いそが	busy	忙碌	바쁘다/바쁜	bận rộn
24	難しい むずか	difficult	难度大	어렵다/어려운	khó
24	仕事 しごと	work	工作	일	công việc
24	嫌いな きら	least favorite	讨厌	싫은	ghét
24	どう	how	怎么	어떻게	như thế nào?
24	思います おも	to think	认为	생각합니다	nghĩ, cảm thấy
24	どんな	what kind of ~	如何，怎样	어떤	như thế nào
25	おなか	stomach	肚子	배	bụng
25	アニメ	anime	动画	애니메이션	phim hoạt hình
25	テレビ	TV set	电视机	텔레비전	ti vi

Chapter 5

26	ゴールデンウィーク	Golden Week	黄金周	골든위크	tuần lễ vàng, Golden Week
26	四月 しがつ	April	四月	4월	tháng tư
26	終わり お	the end	结尾	끝	hết, cuối
26	今月 こんげつ	this month	本月	이달/이번달	tháng này
26	旅行 りょこう	travel	旅行	여행	du lịch
26	京都 きょうと	Kyoto	京都	교토	Kyoto
26	古い ふる	old	旧	낡다/낡은	cổ, cũ
26	（お）寺 てら	temple	寺庙	절	chùa
26	神社 じんじゃ	shrine	神社	신사	đền thờ Thần Đạo
26	～など	... etc.	～等	~등	vân..vân..
26	きれいな	beautiful	漂亮的	예쁜	đẹp
26	町 まち	town	街	마을	thành phố
26	とても	very	很，非常	유명한	rất

26	有名な ゆうめい		famous		有名的		유명한	nổi tiếng
26	新幹線 しんかんせん		Shinkansen		新干线		신칸센	Shinkansen
26	～回 かい		～ times		～回 / ～次		～회	lần
26	すごい		great		厉害		대단하다 /대단한	tuyệt vời
26	五月 ごがつ		May		五月		5월	tháng năm
26	二日 ふつか		second		2号		이틀 /2일	ngày hai, hai ngày
26	三日 みっか		third		3号		사흘/3일	ngày ba, ba ngày
26	四日 よっか		fourth		4号		나흘/4일	ngày bốn, bốn ngày
26	一泊二日 いっぱくふつか		overnight stay		两天一夜		1박2일	hai ngày một đêm
27	連休 れんきゅう		consecutive holidays		连休		연휴	kỳ nghỉ dài
27	人 ひと		people / human		人		사람	con người
27	多い おお		many		多		많은	nhiều
27	早く はや		early		快点		빨리	sớm
27	切符 きっぷ		ticket		票		표	vé
27	ホテル		hotel		酒店		호텔	khách sạn
27	予約します よやく		to reserve		预约		예약합니다	đặt
27	よく		often		非常		잘	thường
27	楽しみな たの		fun		期待的		즐거운	háo hức
27	旅行会社 りょこうがいしゃ		travel agency		旅游公司		여행사	công ty du lịch
27	大きい おお		large		大		크다 /큰	to, lớn
27	～枚 まい		～ pieces		～张		～장	～ tấm (từ phân loại dùng cho vé, trang giấy)
27	でも		but		但是		하지만 /그렇지만	nhưng
27	どこも		everywhere		哪里都		어디든지	ở đâu cũng
27	空室 くうしつ		vacancy		空房		빈방	phòng trống
29	～つ		～ pieces		～个		～개	～ cái (cách đếm đồ vật, một cái, hai cái)
29	～本 ほん		～ copies		～本		～본	～ cây (từ phân loại dùng đếm những thứ dài)
29	～個 こ		～ pieces		～个		～개	～ cái (từ phân loại dùng đếm vật nhỏ)
29	～人 にん		～ people		～个人		～인	～ người (từ phân loại dùng đếm người)
29	映画 えいが		movie		电影		영화	phim
29	元気な げんき		energetic		健康的		건강한	khoẻ mạnh
29	子ども こ		child		小孩		어린이/아이	trẻ em
29	面白い おもしろ		interesting		有趣，有意思		재미있다 /재미있는	thú vị
29	ゲーム		game		游戏		게임	trò chơi
29	花 はな		flower		花		꽃	hoa

Chapter 6

30	〜日間 にちかん	〜 days	〜天	〜일간	〜 ngày (dùng đếm khoảng thời gian)
30	困ります こま	to have trouble	为难	곤란합니다	gặp khó khăn
30	います	there is / to be	有, 在	있습니다	có, ở
30	〜年 ねん	〜 years	〜年	〜년	〜 năm
30	上手な じょうず	skillful	擅长	능숙한	giỏi
30	部屋 へや	room	屋子	방	phòng
30	どこに	where	在哪里	어디에	ở đâu
30	近い ちか	close	近	가까운	gần
30	隣 となり	next to	隔壁 / 旁边	옆	bên cạnh
30	コンビニ	convenience store	便利店	편의점	cửa hàng tiện lợi
30	便利な べんり	convenient	方便的	편리한	tiện lợi
31	久しぶり ひさ	long time no see	好久不见	오래간만	lâu rồi
31	みんな	everyone	大家	모두	mọi người
31	泊まります と	to stay	住	묵습니다	ở lại, trú lại
31	遊びます あそ	to play	玩	놉니다	chơi
31	メッセージ	message	信息	메시지	tin nhắn
31	送ります おく	to send	送	보냅니다	gửi
31	そして	and then	然后	그리고	sau đó, và rồi
31	返事 へんじ	reply	回信	답편	hồi âm
32	誰 だれ	who	谁	누구	ai
33	机 つくえ	desk	桌子	책상	cái bàn
33	上 うえ	on top of	上	위	ở trên
33	教室 きょうしつ	classroom	教室	교실	phòng học
33	犬 いぬ	dog	狗	개/강아지	chó
33	木 き	wood	树	나무/목	cây

Chapter 7

34	読みます よ	to read	读	읽습니다	đọc
34	どうして	why	为什么	왜	tại sao
34	どちら	which	哪一个	어느쪽	cái nào, ở đâu
34	大切な たいせつ	important	重要的	중요한	quan trọng
34	中 なか	in	中	중	ở trong
34	春 はる	spring	春天	봄	mùa xuân
34	一番 いちばん	best	第一	가장	nhất
34	観光 かんこう	sightseeing	观光	관광	việc tham quan, du lịch

35	観光する（かんこう）	to sightsee	观光	관광합니다	tham quan
35	買い物します（か もの）	to shop	买东西	쇼핑합니다	mua sắm
35	～より	than	～比	～보다	~ hơn
35	ずっと	a lot	非常	훨씬	hẳn, rất
35	安い（やす）	cheap	便宜	싸다/싼	rẻ
35	速い（はや）	fast	快	빠르다/빠른	nhanh
35	乗ります（の）	to ride	乘坐	탑니다	lên, đi (xe)
35	それに	besides	而且	거기에/게다가	ngoài ra, hơn nữa
35	（お金が）かかります（かね）	to cost	花（钱）	(돈이) 걸립니다	tốn tiền
35	安心します（あんしん）	to feel relieved	放心	안심합니다	an tâm
35	昼休み（ひるやす）	lunch break	午休	점심시간	nghỉ trưa
35	キャンセルします	to cancel	取消	취소합니다	hoãn, huỷ
35	準備（じゅんび）	preparation	准备	준비	chuẩn bị
37	昨日（きのう）	yesterday	昨天	어제	hôm qua
37	天気（てんき）	weather	天气	날씨	thời tiết
37	悪い（わる）	bad	坏	나쁘다/나쁜	xấu
37	富士山（ふ じ さん）	Mt. Fuji	富士山	후지산	núi Phú Sĩ
37	高い（たか）	high / expensive	贵	높다/높은	cao
37	東京（とうきょう）	Tokyo	东京	도쿄	Tokyo
37	新聞（しんぶん）	newspaper	报纸	신문	báo
37	パソコン	personal computer	电脑	컴퓨터	máy tính
37	スマホ	smartphone	智能手机	스마트폰	điện thoại, smart phone
37	コーヒー	coffee	咖啡	커피	cà phê
37	紅茶（こうちゃ）	black tea	红茶	홍차	trà đen, hồng trà

Chapter 8

38	レストラン	restaurant	餐馆	레스토랑	nhà hàng
38	おしゃれな	stylish / fashionable	漂亮的	세련된/멋진	đẹp, tráng lệ
38	服（ふく）	clothes	服装	옷	quần áo
38	着ます（き）	to wear	穿	입습니다	mặc
38	いつも	usual	平时 / 总是	언제나	thường
38	～様（さま）	Mr. / Ms ~	～先生 / 女士	～님	ngài, vị, bà (thể hiện tôn trọng)
38	こちら	here	这里	이쪽/여기	đây là, ở đây
38	（お）店（みせ）	shop / restaurant	店	가게	tiệm
38	雰囲気（ふんいき）	atmosphere	气氛	분위기	bầu không khí
38	（おなかが）すきます	to get (hungry)	饿	고픕니다	đói, trống

38	たくさん	a lot	很多，许多	많이	nhiều
38	うれしい	happy	高兴，欢喜	기쁘다	vui
38	さびしい	lonely	寂寞，凄凉	쓸쓸하다/외롭다	buồn
38	幸せな	delightful	幸福的	행복한	hạnh phúc
38	ゆっくり	slowly	慢慢地	천천히	chậm rãi, từ từ
38	食事	meal	吃饭，进餐	식사	bữa ăn
38	話	talk	话	이야기/말	câu chuyện
38	住みます	to live	居住	삽니다	sống
38	道	road	途径/道路	길	con đường
38	知ります	to know	知道	압니다	biết
38	日本料理	Japanese food	日本菜	일본요리	món ăn Nhật
38	楽しい	pleasant / fun	快乐	즐겁다/즐거운	vui
38	もう一度	once again	再一次	다시	một lần nữa
39	おいしい	delicious	好吃，美味	맛있다 / 맛있는	ngon
39	いっぱい	full	饱	빵빵/부르다	no
39	本当に	truly	真的	정말로	thật là
39	開けます	to open	打开	엽니다	mở
39	つけます	to put on	佩戴	익히다/지니다	trang bị
39	似合います	to look good	适合，相称	어울립니다	hợp với
39	ちょっと	a little	稍微，一点儿	조금	một chút
39	恥ずかしい	embarrassed	害羞，难为情	부끄럽다/부끄러운	xấu hổ
40	気持ち	feeling	情绪	기분	tâm trạng
41	絵	picture	画	그림	tranh
41	描きます	to draw	画	그립니다	vẽ
41	朝ご飯	breakfast	早饭	아침 식사	bữa sáng
41	忘れ物	lost things	失物	분실물	đồ để quên
41	取ります	to take	拿，取	잡습니다	lấy
41	教えます	to teach	教，告诉	가르칩니다	chỉ, dạy
41	危ない	dangerous	危险的	위험한	nguy hiểm
41	触ります	to touch	摸，触摸	만집니다	sờ, chạm
41	毎朝	every morning	每天早晨	매일아침	mỗi sáng
41	音楽	music	音乐	음악	âm nhạc
41	聞きます	to listen	听	듣습니다	nghe
41	予約	reservation	预约	예약	việc đặt chỗ, đặt vé
41	変更します	to change	变更，更改	변경합니다	thay đổi, chuyển

Chapter 9

42	～までに	by ～	到……为止	~까지	đến trước ~ (thời hạn)
42	出します	to submit	拿出，取出	냅니다	nộp
42	疲れます	to be tired	累，疲倦	지칩니다	mệt mỏi
42	コンサート	concert	音乐会	콘서트	hoà nhạc
42	席	seat	座位	좌석	ghế, chỗ ngồi
42	上司	boss / superior	上司	상사	cấp trên
42	部長	department director	部长	부장	trưởng phòng
42	資料	document	资料	자료	tài liệu
42	あまり	not really	过于，几乎	별로	không ~ lắm
42	書きかた	how to write	写法	서식	cách viết
42	会議	conference / meeting	会议	회의	họp
42	使います	to use	使用	사용합니다	sử dụng, dùng
42	無理	impossibility	不可能	무리	vô ích, không được
42	始まります	to start	开始	시작됩니다	bắt đầu
42	間に合います	to be in time	来得及	늦지않습니다	kịp
42	背	height	后背	키/등	lưng, chiều cao
42	髪	hair	头发	머리	tóc
42	長い	long	长	길다/긴	dài
42	親切な	kind	亲切的	친절한	tử tế
42	優しい	friendly / kind	和蔼	상냥하다 /부드러운	hiền
42	手伝います	to help	帮忙	도와줍니다	giúp
43	メール	email	电子邮件	이메일	email, tin nhắn
43	後で	later	稍后	나중에	sau, để sau
43	終わります	to end	结束	끝납니다	xong, hoàn tất
43	心配します	to worry	担心	걱정합니다	lo lắng
43	説明します	to explain	说明	설명합니다	giải thích
43	待ちます	to wait	等待	기다립니다	đợi, chờ
44	渡します	to hand over	交给	전달합니다	giao cho
45	静かな	quiet	静静的	조용한	yên tĩnh
45	人気	popularity	受欢迎	인기	được ưa thích
45	店員	clerk	店员	점원	nhân viên (quán, nhà hàng, cửa hàng)
45	払います	to pay	付款	지불합니다	trả tiền
45	乗り換えます	to change / to transfer	换乘	갈아탑니다	đổi (tàu)

Chapter 10

46	初めて (はじ)	for the first time	第一次	처음으로	đầu tiên
46	～前 (まえ)	～ ago	～前	～전	～ trước
46	中心 (ちゅうしん)	focus / center	重点，为中心	중심	trọng tâm, trung tâm
46	習います (なら)	to learn	学习	배웁니다	học
46	漢字 (かんじ)	Chinese character / kanji character	汉字	한자	Hán tự, Kanji
46	会話 (かいわ)	conversation	对话	대화/회화	giao tiếp, hội thoại
46	練習します (れんしゅう)	to practice	练习	연습합니다	luyện tập
46	最近 (さいきん)	these days	最近	최근	gần đây
46	なります	to become	变成	됩니다	trở thành, trở nên
46	大変な (たいへん)	tough	不得了的	대단한	vất vả
46	書類 (しょるい)	document	文件	서류	tài liệu, tư liệu
46	もっと	more	更加	더	thêm nữa, hơn nữa
46	自分 (じぶん)	myself	自己	자신	bản thân, mình
47	暇な (ひま)	free	闲暇的	틈나다/여가	rảnh rỗi
47	そんな	such	那样的	그런/그러하다	như thế
47	英語 (えいご)	English	英语	영어	tiếng Anh
47	もちろん	of course	当然	물론	tất nhiên
47	一度も (いちど)	never	一次也没有	한번도	một lần ～ cũng
47	がんばります	to do one's best	加油，努力	열심히 하겠습니다	cố gắng
47	ずっと	for a long time	一直（长时间）	계속 /쭉	suốt (một thời gian dài)
47	作ります (つく)	to make	做，制作	만듭니다	làm
49	運転します (うんてん)	to drive	开车，驾驶	운전합니다	lái xe
49	荷物 (にもつ)	baggage	行李	짐	hành lý
49	医者 (いしゃ)	doctor	医生	의사	bác sĩ
49	将来 (しょうらい)	future	将来	장래	tương lai
49	カード	card	卡	카드	thẻ tín dụng
49	家賃 (やちん)	rent	房租	집세	tiền thuê nhà

Chapter 11

50	（お）茶 (ちゃ)	tea	茶	차	trà
50	戻ります (もど)	to return	返回	돌아갑니다	trở lại
51	（お）礼 (れい)	thanks	礼	예/절	lời tạ ơn, cám ơn
51	今晩 (こんばん)	tonight	今晚	오늘밤/저녁	tối nay
51	～階 (かい)	～ floor	～层	～층	～ tầng

51	ロビー		lobby	大厅	로비		sảnh, lobby
51	（お）酒 さけ		sake	酒	술		rượu
51	留守番電話 る す ばん でん わ		answering machine	留言电话	자동응답기		cuộc gọi nhỡ
51	声 こえ		voice	声音	목소리		tiếng
51	入ります はい		to be recorded	录入（留言）	들어갑니다		có tiếng ai đó (trong điện thoại)
51	遅い おそ		late	慢	늦다/늦은		chậm, trễ
51	届きます とど		to reach / to arrive	送到	도착합니다		gửi đến
51	寝ます ね		to sleep	睡觉	잡니다		ngủ
53	普通形 ふ つう けい		plain form	原型	보통형		thể ngắn (thể của động từ hay tính từ)
53	座ります すわ		to sit	坐	앉습니다		ngồi
53	調べます しら		to examine	调查	조사합니다		tìm kiếm, điều tra

Chapter 12

54	カフェ		café	咖啡厅	카페		cà phê
54	外 そと		outside	外	밖/외부		bên ngoài
54	暗い くら		dark	暗	어둡다/어두운		tối tăm
54	泣きます な		to cry	哭	웁니다		khóc
54	アメリカ		U.S.A. / United States of America	美国	미국		nước Mỹ
54	だんだん		gradually	渐渐	점점		dần dần
54	それで		then	所以，因此	그래서		vì vậy, cho nên
54	いつでも		anytime	无论何时	언제든지		lúc nào cũng
54	どこでも		anywhere	无论何处	어디서나		ở đâu cũng
54	すぐに		immediately	马上	곧/즉시		liền, ngay
55	だめな		useless	不好的	안돼다/안돼는		không được
55	言います い		to say	说	말합니다		nói
55	悲しい かな		sad	悲哀	슬프다/슬픈		buồn đau
55	きっと		surely	一定	반드시/분명		chắc chắn, nhất định
56	なくします		to lose	丢失	없앱니다/잃어버리다		làm mất
57	妹 いもうと		sister	妹妹	여동생		em gái
57	大学生 だい がく せい		university student	大学生	대학생		sinh viên
57	テニス		tennis	网球	테니스		tenis
57	復習します ふく しゅう		to review	复习	복습합니다		luyện tập
57	問題 もん だい		exercise	习题	문제		bài tập
57	テスト		test	测试	테스트		kiểm tra
57	遅れます おく		to miss	赶不上	늦습니다		chậm trễ, không kịp

Chapter 13

58	連絡 れんらく	contact	联络	연락	liên lạc
58	写真 しゃしん	photo	照片	사진	ảnh
58	思い出します おも だ	to remember	想起	기억납니다/상기하다	nhớ ra
58	今日 きょう	today	今天	오늘	hôm nay
58	買い物 か もの	shopping	购物	쇼핑	mua sắm
58	新しい あたら	new	新	새로운	mới
58	～ごろ	around ~	～左右 / ～前后	～경	khoảng ~
58	残業します ざんぎょう	to work overtime	加班	잔업합니다	làm thêm, tăng ca
58	時間 じかん	time	时间	시간	thời gian
58	シャワー	shower	淋浴	샤워	tắm (vòi tắm hoa sen)
58	（シャワーを）浴びます あ	to take (a shower)	沐浴	들쓰다/들씁니다	tắm
59	（お）昼 ひる	noon	中午 / 午休	낮/점심	buổi trưa, bữa trưa
59	そろそろ	soon	差不多	슬슬	sắp
59	食堂 しょくどう	dining room	饭厅	식당	căn tin
59	（お）休み やす	closed	假日	휴식	nghỉ
59	にぎやかな	bustling / lively	热闹，繁华	번화한	náo nhiệt
59	（お）祭り まつ	festival	节日	축제	lễ hội
59	花火 はなび	fireworks	烟花	불꽃	pháo hoa
59	浴衣 ゆかた	yukata	浴衣（夏天穿的简单的和服）	유카타	Yukata
59	屋台 やたい	food stall	摊儿	포장마차	quán vỉa hè
59	食べ物 た もの	food	食物	음식	món ăn
59	ギター	guitar	吉他	기타	đàn ghi-ta
59	音 おと	sound	声音	소리	tiếng
60	つまらない	boring	没意思, 无聊	잼업다/시시하다	chán, không thú vị
60	どなた	who	哪位	누구	ai, người nào
60	急ぎます いそ	to hurry up	赶紧	서두루다/서두릅니다	vội, gấp
61	都合 つごう	circumstances	方便	형편/사정	tiện (lịch, thời gian)
61	（都合が）悪い つごう わる	inconvenient	（行程）不方便	（형편이) 나쁘다	không tiện
61	残念な ざんねん	unfortunate	可惜, 遗憾	유감스러운	tiếc
61	腕 うで	arm	胳膊	팔	cánh tay
61	引っ張ります ひ ば	to pull	拉	당기십니다	kéo
61	一日中 いちにちじゅう	all day	整天	하루종일	suốt một ngày
63	まんが	manga	漫画	만화	truyện tranh
63	貸します か	to lend	贷	빌려줍니다	cho mượn
63	アルバイト	part time job	打工	아르바이트	việc làm thêm

63	紹介します（しょうかい）	to introduce	介绍	소개합니다	giới thiệu
63	忘れます（わす）	to forget	忘记	잊습니다	quên
63	電源（でんげん）	electric power supply	电源	전원	nguồn điện
63	切ります（き）	to turn off	关闭	끕니다	tắt (công tắc)
63	簡単な（かんたん）	easy	简单的	간단한	đơn giản
63	重い（おも）	heavy	重	무겁다	nặng
63	軽い（かる）	light	轻	가볍다	nhẹ
63	ストーリー	story	故事	스토리	câu truyện

Chapter 14

64	食欲（しょくよく）	appetite	食欲	식욕	muốn ăn
64	ベッド	bed	床	침대	giường
64	考えます（かんが）	to think	考虑	생각합니다	suy nghĩ
64	そば	Soba noodle	荞麦	옙(메밀국수)	bên cạnh
64	トントントン	knock knock	咚咚咚（敲门声）	똑똑	cọc cọc cọc (tiếng gõ cửa)
64	ドア	door	门	문	cửa
64	ノック	knock	敲门	노크	gõ
64	聞こえます（き）	to hear	听得见	들립니다	nghe thấy
64	出ます（で）	to leave	出来	나옵니다	ra
65	サラダ	salad	沙拉	샐러드	rau trộn
65	ふるさと	hometown	故乡	고향	quê hương
65	カレー	curry	咖喱	카레	cà ri
65	いれます	to pour	倒	넣습니다	pha (trà, cà phê)
66	彼女（かのじょ）	she	女朋友	그녀/여친	bạn gái
66	話しかた（はな）	way of talking	说话方式	말 방식/말투	cách nói
66	普通体（ふつうたい）	plain style	普通体	보통 체	thể ngắn
66	おかしい	unusual	奇怪	이상하다	lạ, khác thường
66	家族（かぞく）	family	家属	가족	gia đình
68	可能形（かのうけい）	potential form	可能形	가능형	thể khả năng
69	日本酒（にほんしゅ）	sake	清酒	일본술	rượu Nhật
69	約束（やくそく）	promise	约定	약속	lời hứa, cuộc hẹn
69	彼（かれ）	he	他（男性）	그	anh ấy, hắn

Chapter 15

70	悩みます（なや）	to worry	烦恼	고민합니다	lo lắng, băn khoăn
70	伝えます（つた）	to tell	传达，转告	알립니다 /전합니다	truyền lời, nhắn

70	立ちます た	to stand	站起	섭니다	đứng lên
70	エレベーター	elevator	电梯（直梯）	엘리베이터	thang máy
70	次 つぎ	next	下一个	다음	tiếp theo
71	電気 でんき	lights	电	전기	điện
71	消えます き	to be out	消失	살아집니다	tắt
71	理由 りゆう	reason	理由	이유	lý do
72	うそ	lie	假话	거짓말	xạo, dối
72	始め はじ	beginning	开始 / 开头	처음	đầu tiên
72	残業 ざんぎょう	overtime	加班	잔업	việc làm thêm, việc tăng ca
73	片付け かたづ	to tidy up	收拾，整理	정리	việc sắp xếp
73	作戦 さくせん	strategy	作战	작전	kế hoạch, chiến lược
73	女性 じょせい	woman	女性	여성	con gái, nữ
75	自動詞 じどうし	intransitive verb	自动词	자동사	tự động từ
75	止めます と	to stop	停止	멈춥니다/세웁니다	dừng, đậu
75	止まります と	to stop	停止	멈춥니다	dừng lại
75	閉めます し	to close	关闭	닫습니다	đóng
75	消します け	to turn off	删除，熄灭	지웁니다	tắt, dập tắt
75	ガラス	glass	玻璃	유리	kính, kiếng
75	割ります わ	to divide	碎	나눕니다	chia, vỡ
75	ジョギング	jogging	慢跑，跑步	조깅	đi bộ
75	歌います うた	to sing	歌唱	노래부릅니다	hát

Chapter 16

76	後に あと	later	之后	나중에	sau, sau khi
76	～度 ど	times	～次	～번	～ lần
76	慣れます な	to get used to	习惯，熟练	익숙해집니다	quen
77	つもり	intention	打算	생각입니다/생각하고	định, dự định
77	撮ります と	to take	拍	찍습니다	chụp
77	前 まえ	a long time ago	之前	전	trước
78	国 くに	country	国家	국가/나라	đất nước
78	相談します そうだん	to consult	商量，商谈	상담합니다	bàn luận
78	お父さん とう	dad / father	爸爸	아버지	bố, ba
78	お母さん かあ	mom / mother	妈妈	어머니	mẹ, má
78	確かめます たし	to make sure	确认	확인합니다	xác nhận
78	お姉さん ねえ	older sister	姐姐	언니/누나	chị gái
78	インドネシア	Indonesia	印度尼西亚	인도네시아	Indonesia

78	決めます(き)	to decide	决定	정합니다/결정합니다	quyết định
79	予定(よてい)	plan	预定	예정	dự định
80	見せます(み)	to show	展示 (给别人看)	보입니다	cho xem
81	図書館(としょかん)	library	图书馆	도서관	thư viện
81	運動します(うんどう)	to exercise	运动	운동합니다	vận động
81	晩ご飯(ばん はん)	dinner	晚饭	저녁밥	cơm tối, bữa tối

Chapter 17

82	(お)土産(みやげ)	souvenir	土特产，礼物	선물	quà
82	暑い(あつ)	hot	热	덥다	nóng
82	結婚(けっこん)	marriage	结婚	결혼	đám cưới
82	相談(そうだん)	consultation	商量	상담	tư vấn, bàn bạc
82	きちんと	neatly / properly	整齐的	정확히/제대로	trật tự
82	スーツケース	suitcase	旅行箱，行李箱	가방/슈트케이스	hành lý
82	フォトブック	photo book	相册	포토북	sách ảnh
82	笑います(わら)	to laugh	笑	웃습니다	cười
82	刺身(さしみ)	sashimi (raw fish)	生鱼片	생선회	Sashimi (cá sống)
82	天ぷら(てん)	tempura	天妇罗	튀김	Tempura
82	大きな(おお)	big	大的	큰	lớn, to
82	エビ	shrimp	虾	새우	tôm
82	口(くち)	mouth	嘴	입	miệng
83	ビデオカメラ	video camera	摄像机	캠코더	máy quay phim
83	欲しい(ほ)	to want	想要	원한다	thích, muốn
83	いかが	how is it?	如何	어떻습니까	thế nào
83	小さい(ちい)	small	小	작은	nhỏ
83	使いかた(つか)	how to use	用法	사용방법	cách dùng
83	マニュアル	manual	使用手册，使用说明	메뉴얼	tài liệu hướng dẫn sử dụng
83	故障(こしょう)	malfunction	故障	고장	bị hư
83	世界中(せかいじゅう)	all over the world	全世界	세계중	trên thế giới
84	安心な(あんしん)	safe	放心的	안심한	an tâm
84	値段(ねだん)	price	价钱	가격	giá cả
84	予算(よさん)	budget	预算	예산	dự toán
84	電気製品(でんき せいひん)	electric appliances	电器	전기제품	hàng điện tử
84	大好きな(だいす)	favorite	非常喜欢的	좋아하는	rất thích
84	消費税(しょうひぜい)	consumption tax	消费税	소비세	thuế tiêu thụ
84	～込み(こ)	~ included	包含～ (消费税)	～포함	bao gồm

84	内緒 ないしょ	secret	保密	비밀	bí mật
84	空港 くうこう	airport	机场	공항	sân bay
84	着きます つ	to arrive at	到达	도착합니다	đến
84	チケット	ticket	票	티켓	vé
84	パスポート	passport	护照	여권	passport, hộ chiếu
84	カウンター	counter	柜台	카운터	quầy
84	呼びます よ	to call	叫	부릅니다	gọi
85	必ず かなら	without fail	必定	반드시	chắc chắn
85	いつ	when	何时	언제	khi nào, bao giờ
85	連絡します れんらく	to contact	联络	연락합니다	liên lạc
87	説明書 せつめいしょ	instruction /manual	说明书	설명서	tài liệu hướng dẫn
87	ボタン	button	按钮	버튼	nút, công tắc
87	押します お	to press / to push	按	누릅니다	nhấn
87	成績 せいせき	grade record	成绩	성적	thành tích
87	合格します ごうかく	to pass	合格	합격합니다	đậu, đỗ

Chapter 18

88	なぐさめます	to comfort	安慰	위로합니다	an ủi
88	迎えます むか	to welcome	迎接，迎来	맞이합니다	đón
88	窓 まど	window	窗户	창문	cửa sổ
88	見えます み	to see	看得见	보입니다	trông thấy, nhìn thấy
88	両側 りょうがわ	both sides	两侧	양측	hai bên
88	赤 あか	red	红	레드/빨강	màu đỏ
88	黄色 きいろ	yellow	黄色	노란색/황색	màu vàng
88	咲きます さ	to bloom	开放	핍니다	(hoa) nở
88	運びます はこ	to carry	搬运	나릅니다	vận chuyển
88	売ります う	to sell	卖	팝니다	bán
88	壁 かべ	wall	墙壁	벽	bức tường
88	はります	to stick	贴	붙입니다	dán
88	カバー	cover	封皮，罩子	커버/표지	bìa
88	掛けます か	to cover	挂	겁니다	treo
88	顔 かお	face	脸	얼굴	mặt
89	生 なま	raw	生	생	tươi sống
89	魚 さかな	fish	鱼	물고기	cá
89	いつか	someday	总有一天	언젠가	khi nào đó
89	秋葉原 あきはばら	Akihabara	秋叶原	아키하바라	Akihabara

89	原宿 はらじゅく	Harajuku	原宿	하라주쿠	Harajuku
90	案内します あんない	to show	引导/说明，导（游），导（购）	안내합니다	hướng dẫn
90	全部 ぜんぶ	all	全部	전부	toàn bộ, tất cả
90	応援します おうえん	to support	支持	응원합니다	ủng hộ
90	じっと	fixedly / patiently	一动不动	가만히	chăm chú
90	製品 せいひん	product	产品	제품	sản phẩm
90	マレーシア	Malaysia	马来西亚	말레이시아	Malaysia
91	アジア	Asia	亚洲	아시아	Châu Á
91	庭 にわ	garden	花园	정원	vườn
91	向かいます む	to face	面向	향합니다	hướng về
91	ポーズ	pose	姿势	포즈	dáng, kiểu
91	映します うつ	to project	放映	비춥니다	chiếu lên
91	大笑いします おおわら	to laugh a lot	大笑	대소하다/크게웃다	cười to
91	喜びます よろこ	to be pleased	喜悦	기뻐합니다	vui
93	受身形 うけみけい	passive form	被动形	수동형	thể bị động
93	誘います さそ	to invite	邀请	초대합니다	mời, rủ
93	動画 どうが	video	动画	동영상	ảnh động, phim
93	ソフト	software	软件	소프트	phần mềm
93	パーティー	party	聚会	파티	tiệc
93	ケーキ	cake	蛋糕	케이크	bánh kem

Chapter 19

94	過ごします す	to spend time	度过	보냅니다/지냅니다	trải qua
94	ネクタイ	tie	领带	넥타이	cà vạt
94	けど	but	但是	그렇지만	nhưng, tuy nhiên
94	高校 こうこう	high school	高中	고등학교	trường phổ thông
94	同級生 どうきゅうせい	classmate	同学（同年级）	동급생	bạn học
94	生まれます う	to be born	出生	태어납니다	được sinh ra
94	赤ちゃん あか	baby	婴儿	아기	em bé
94	抱きます いだ	to hold	抱	품습니다/안습니다	ôm
94	うらやましい	envious	羡慕	부럽다	ngưỡng mộ
95	強い つよ	strong	强	강하다	mạnh mẽ
95	雨 あめ	rain	雨	비	mưa
95	降ります ふ	to fall	下	내립니다	rơi
95	婚約者 こんやくしゃ	fiancé / fiancée	婚约者	약혼자	người đã kết hôn
95	ゆずります	to give over	让步	양보합니다	nhường

95	くださいます	to be kind enough to do something	给～（的谦让形）	주십니다	ai đó cho tôi cái gì
95	ラッキー	lucky	幸运	운	may mắn
95	絶対に ぜったい	definitely	绝对的	절대로	tuyệt đối
96	のせます	to put	装载	태웁니다	chất lên
96	怒ります おこ	to get angry	生气，发怒	화냅니다	giận dữ
96	ちゃんと	properly	认真	제대로	đàng hoàng
96	昔 むかし	from the past	以前	예날	ngày xưa
96	許します ゆる	to forgive	原谅	영서합니다	tha thứ
97	来月 らいげつ	next month	下月	다음달	tháng sau
97	結婚式 けっこんしき	wedding	结婚典礼	결혼식	lễ cưới
97	ドレス	dress	礼服（女性的）	도레스	váy đầm
97	家具 かぐ	furniture	家具	가구	đồ đạc trong nhà
97	食器 しょっき	tableware	餐具	식기	chén bát
97	性格 せいかく	character	性格	성격	tính cách, tính tình
99	丁寧な ていねい	polite	有礼貌的	정중한/공손한	cẩn thận
99	言いかた い	how to say	说话方式	말투	cách nói
99	連れて行きます つ い	to take	带去，领去	데리고갑니다	mang đi, dẫn đi
99	たこ焼き や	takoyaki (octopus dumpling)	章鱼丸	타코야키	takoyaki
99	ピアノ	piano	钢琴	피아노	piano

Chapter 20

100	婚活 こんかつ	spouse hunting	相亲	혼활/결혼활동	việc giao lưu mai mối cho hoạt động kết hôn
100	ショック	shock	打击	쇼크/충격	cú sốc
100	受けます う	to receive	受到	받습니다	bị/ chịu (sốc)
100	選びます えら	to choose	选择，挑选	선택합니다	lựa chọn
100	信じます しん	to believe	相信	믿습니다	tin tưởng
100	実は じつ	to tell you the truth	其实	사실은	thực ra
101	今にも いま	any moment	眼看就要	당장이라도	ngay bây giờ
101	宅配便 たくはいびん	home delivery	配送	택배	dịch vụ giao hàng tận nhà
101	両親 りょうしん	parents	双亲	부모님	bố mẹ
101	くだもの	fruit	水果	과일	trái cây
101	涙 なみだ	tears	眼泪	눈물	nước mắt
101	辞めます や	to quit	辞职	그만둡니다	nghỉ việc
102	セクハラ	sexual harassment	性骚扰	갑질/세쿠하라	quấy rối tình dục
102	失礼 しつれい	impolite	不礼貌	실례	thất lễ
102	募集中 ぼしゅうちゅう	looking for a partner	招募中	모집중	tuyển dụng

102	どなた	someone	哪位	누구	người nào
102	合います あ	to match	适合，符合	어울립니다	phù hợp
102	今度 こんど	next time	下次	이번	lần sau
103	はやります	to become popular	流行	유행합니다	rất phổ biến
103	相手 あいて	partner	对方	상대	đối tượng
103	探します さが	to find	寻找	찾습니다	tìm
103	集まります あつ	to get together	集合	모입니다	tập trung lại
103	危険な きけん	dangerous	危险的	위험한	nguy hiểm
103	変な へん	strange	奇怪的	이상한	lạ thường
103	事件 じけん	incident	事件	사건	vụ án
103	ストーカー	stalker	跟踪者，尾随者	스토커	kẻ bám đuôi
103	いろんな	various	各种各样的	여러가지	nhiều
103	複雑な ふくざつ	complex	复杂的	복잡한	phức tạp
104	アドバイス	advice	建议	아드바이스	lời khuyên
105	壊れます こわ	to break	损坏	깨집니다	vỡ, hư
105	ボタン	button	纽扣	단추	nút áo
105	取れます と	to come off	取得	떨어집니다	tuột ra, bung ra
105	足 あし	leg	脚	발 /다리	chân

Chapter 21

106	洋室 ようしつ	Western-style room	西式房间	양실	phòng theo kiểu Tây
106	迷います まよ	to be indecisive	迷茫	헤맵니다	lạc
106	職場 しょくば	workplace	职场	직장	công sở
106	少ない すく	a few	少	적다	ít
106	自然 しぜん	nature	自然	자연	tự nhiên
106	間取り まど	floor plan	布局	구조	phối trí trong nhà
106	なかなか	quite	一直 / 总是	어지간히 /꽤	mãi mà, rất
106	ぼく	I	我	나	mình, tớ
106	グリーン	green	绿色	그린	xanh
106	アップル	apple	苹果（外来语）	애플	Apple
106	～荘 そう	~ apartments	庄	～장	căn hộ ~
106	遠い とお	far	远方	사과	táo
106	生活します せいかつ	to live	生活	생활합니다	sinh sống
106	りんご	apple	苹果	사과	táo
107	和室 わしつ	Japanese-style room	日式房间	일본식 방	phòng Nhật
107	改装します かいそう	to refurbish	装修	개조합니다	tu sửa

107	とりあえず	for now	暂时，总之	우선	đầu tiên, trước mắt
107	不動産屋 ふどうさんや	realtor	房产中介	부동산소개소	bất động sản
107	広さ ひろ	size	（面积的）大小	넓이	bề rộng
107	キッチン	kitchen	厨房	주방/키친	nhà bếp
108	方 かた	person	～人	분	người
108	リフォーム	reform	翻修，翻新	리모델링/리폼	tân trang, sửa sang
108	気に入ります き い	to like	喜欢，中意	마음에 듭니다	vừa ý
108	いただきます	to have someone do something	那我就不客气了（谦让语）	받겠습니다	nhận (khiêm nhường ngữ)
108	外国 がいこく	foreign country	外国	외국	nước ngoài
108	習慣 しゅうかん	habit	习惯	습관	thói quen
109	管理 かんり	management	管理	관리	quản lý
109	含みます ふく	to include	包含	포함합니다	bao gồm
109	たとえば	for example	例如	예를 들면	ví dụ
109	どろぼう	thief	小偷	도둑	trộm
109	場合 ばあい	case	场合 / 情况 / 状态	경우	trường hợp
109	セキュリティ会社 がいしゃ	security company	安保公司	보안회사	công ty bảo vệ
109	引っ越し ひ こ	a move	搬家	이사	việc chuyển nhà
110	指します さ	to refer to / to point to	指	가리킵니다	chỉ
110	点 てん	point	地方	점	điểm
111	タイ料理 りょうり	Thai food	泰国菜	태국요리	món ăn Thái
111	小学校 しょうがっこう	elementary school	小学	초등학교	trường tiểu học

Chapter 22

112	まず	first of all	首先	우선	Đầu tiên
112	場所 ばしょ	place	位置	위치/장소	chỗ, nơi
112	教会 きょうかい	church	教会，教堂	교회	nhà thờ
112	急に きゅう	suddenly	忽然	갑자기	bất ngờ, thình lình
112	決まります き	to be decided	定好	결정됩니다	quyết định
112	ご存じです ぞん	to know	知道（尊敬语）	알고계십니다	biết (kính ngữ)
112	娘 むすめ	daughter	女儿	딸	con gái
112	サイズ	size	号码	사이즈/크기	cỡ, kích thước
112	低い ひく	short / low	低	낮다	thấp
113	身長 しんちょう	height	身高	신장	chiều cao
113	直します なお	to alter	更改（尺寸）	고칩니다	sửa
113	ぜひ	please	一定	꼭	nhất định
113	いらっしゃいます	to come	欢迎光临（尊敬语）	오십시오	có, ở (kính ngữ)

113	招待します しょうたい	to invite	邀请	초대합니다	mời
113	一生けん命 いっしょう めい	very hard	拼命	열심히	hết mình
113	どんどん	more and more	连续	점점	nhiều, nhanh
113	感心します かんしん	to admire	佩服	감탄합니다	quan tâm, cảm kích
114	歌 うた	song	歌	노래	bài hát
114	着物 きもの	kimono	和服	기모노	kimono, quần áo
114	持ちます も	to own / to have	拿	갖습니다	mang, có
116	プレゼントする	to give (a present)	赠送礼物	선물하다	tặng quà
116	使役形 しえきけい	causative form	使役形	사역형	thể sai khiến
117	尊敬語 そんけいご	respectful language / honorific language	尊敬语	존경어/존댓말	kính ngữ
117	特別な とくべつ	special	特别的	특별한	đặc biệt
117	動詞 どうし	verb	动词	동사	động từ
117	大阪 おおさか	Osaka	大阪	오사카	Osaka
117	燃えます も	to burn	燃烧	탑니다	cháy, nồng nhiệt
117	ごみ	garbage	垃圾	쓰레기	rác
117	運動不足 うんどうぶそく	lack of exercise	缺发运动	운동부족	thiếu vận động
117	エスカレーター	escalator	扶梯	에스컬레이터	thang cuốn

Chapter 23

118	黒い くろ	black	黑色	검다	đen
118	スーツ	suit	西服	슈트/정장	áo vét
118	緊張 きんちょう	tension / worry / nervousness	紧张	긴장	căng thẳng
118	眠ります ねむ	to fall asleep	睡	잡니다	ngủ
118	あっち	there	那边	저쪽	đằng kia
118	こっち	here	这边	이쪽	đằng này, ở đây (cách dùng trong văn nói)
118	奥さん おく	wife	太太	부인	vợ (một ai đó)
118	妻 つま	wife	妻子	아내	vợ (của mình)
118	奥様 おくさま	wife	夫人	부인님	quý bà, vợ
118	お目にかかります め	to meet	初次见面（谦让语）	뵙겠습니다	gặp (khiêm nhường ngữ)
118	主人 しゅじん	husband	老公，丈夫	주인/남편	chồng
118	（お）話 はなし	story	话	이야기/말	câu chuyện
118	おります	to be	在	있습니다	có, ở (khiêm nhường ngữ)
119	指輪 ゆびわ	ring	戒指	반지	nhẫn
119	時々 ときどき	sometimes	有时	때때로	đôi khi, thỉnh thoảng
119	ポケット	pocket	口袋	포켓	túi
119	置きます お	to place	放置	놓습다	đặt, để

119	(お)客 きゃく	guest	客人	손님/고객	khách hàng
119	顔色 かおいろ	complexion	脸色	안색	sắc mặt
120	関係 かんけい	relationship	关系	관계	quan hệ
120	鍵 かぎ	key	钥匙	열쇠	cái khóa
120	(ご)夫妻 ふさい	husband and wife	夫妻	부부	vợ chồng
120	走ります はし	to run	跑	달립니다	chạy
120	式 しき	ceremony	典礼	식	lễ
120	皆様 みなさま	ladies and gentlemen	各位	여러분	quý vị
121	花束 はなたば	bouquet	花束	꽃다발	bó hoa
121	たった	just	刚刚 / 只	단	ngay bây giờ
121	そっと	quietly	轻轻地	살짝	nhẹ nhàng
122	失敗 しっぱい	mistake	失败	실패	thất lễ
122	(お)祝い いわ	celebration	祝贺	축하	mừng, chúc mừng
123	書き直します か なお	to rewrite	重写，修正	고쳐 쓰다	viết lại
123	謙譲語 けんじょうご	humble language	谦让语	겸양어	khiêm nhường ngữ

Chapter 24

124	新婚旅行 しんこんりょこう	honeymoon	蜜月旅行	신혼여행	tuần trăng mật
124	お願いします ねが	to ask (someone) to do ~	拜托	부탁드립니다	nhờ mọi người nhé
124	助かります たす	to be helped	帮助	도움이됩니다	đỡ
124	カラオケ	karaoke	卡拉 OK	노래방	karaoke
125	踊ります おど	to dance	跳舞	춤추다	nhảy
125	大笑い おおわら	big laugh	大笑话	대소	cười to (danh từ)
125	～姿 すがた	in ~	～身姿	～모습	dáng (dáng Kimono, dáng đồng phục)
125	苦しい くる	difficult to breathe	痛苦	괴로운	khổ sở
125	思い出 おも で	memory	回忆	추억	kỷ niệm, nỗi nhớ
125	星 ほし	star	星星	별	ngôi sao
125	天気予報 てんきよほう	weather forecast	天气预报	일기예보	dự báo thời tiết
125	箱根 はこね	Hakone	箱根	하코네	Hakone
125	温泉 おんせん	hot spring	温泉	온천	suối nước nóng
126	旅館 りょかん	ryokan (Japanese-style inn)	旅馆	여관	lữ quán, khách sạn
126	月末 げつまつ	the end of the month	月底	월말	cuối tháng
126	頼みます たの	to request	拜托	부탁합니다	nhờ
126	ひどい	terrible	过分，厉害	심하다	khủng khiếp, tệ
126	一生に いっしょう	in-a-lifetime	一辈子	일생/평생	cả cuộc đời
128	結婚生活 けっこんせいかつ	married life	婚姻生活	결혼생활	cuộc sống hôn nhân

128	命令形 めいれいけい	imperative form	命令形	명령형	thể mệnh lệnh
129	事故 じ こ	accident	事故	사고	tai nạn
129	事務所 じ む しょ	office	事务所	사무소	văn phòng
129	間違えます まちが	to make a mistake	弄错	실수합니다	sai
129	入院します にゅういん	to be hospitalized	住院	입원합니다	nhập viện

Chapter 25

130	立派な りっぱ	great-looking	气派，优秀的	훌륭한	tuyệt vời
130	仲居 なか い	hotel staff	女招待 (特指日式传统旅馆中的房间案内人)	여급	người phục vụ trong lữ quán
130	当館 とうかん	this establishment	本馆	당관	khách sạn này
130	利用します り よう	to use	利用，使用	이용합니다	sử dụng
130	まことに	truly	真心的	절말로	thành thật
130	抹茶 まっちゃ	matcha (powered green tea)	抹茶	말차	trà bột
130	用意します よう い	to prepare	准备	준비합니다	chuẩn bị
130	少々 しょうしょう	a little	少许，稍微	조금	một chút
130	ルール	rule	规则	룰/규칙	quy luật
130	確か たし	probably	的确	확실히	quả thật
130	カップ	cup	茶杯	컵	cốc
130	回します まわ	to turn	转动	돌립니다	xoay
130	召し上がります め あ	to have	用餐 (尊敬语)	드십니다	uống, dùng (kính ngữ)
130	作法 さ ほう	manner	讲究/规矩,礼节	작법	cách pha
130	自由な じ ゆう	free	自由的	자유로운	tự do
130	やります	to try	做	합니다	làm thử
130	左手 ひだり て	left hand	左手	왼손	tay trái
130	(お)ちゃわん	bowl	饭碗	공기	tách trà
130	右手 みぎ て	right hand	右手	오른손	tay phải
130	手前 て まえ	clockwise	手边 (靠近自己的)	앞	trước mặt
130	分けます わ	to divide	分	나눕니다	chia ra
130	味 あじ	taste	味道	맛	vị
131	かわいい	cute	可爱	귀엽다	dễ thương
131	花柄 はながら	floral (pattern)	花纹	꽃문늬	hình bông hoa
131	水玉 みずたま	polka dot	水珠儿	물방울	giọt nước
131	紫色 むらさきいろ	purple	紫色	보라색	màu tím
131	白い しろ	white	白色	희다/하얀	trắng
131	ごちそう	feast	美味佳肴	맛있는 음식/성찬	đồ ăn
131	露天風呂 ろ てん ぶ ろ	open-air bath	露天温泉	노천온천	suối nước nóng ngoài trời

131	美しい(うつく)	beautiful	美丽	아름다운	đẹp
131	素敵な(すてき)	lovely	很棒的	멋진	dễ thương, xinh
131	最高な(さいこう)	best	最高的	최고인	tuyệt vời
131	せっかく	considerable effort	好不容易	겨우/일부러	lỡ mất công
131	必死に(ひっし)	desperate	拼命地	필사적으로	hết mình
131	納豆(なっとう)	natto	纳豆	낫토	Natto, đậu lên men
132	意外に(いがい)	unexpectedly	出乎意料	의외로	ngoài sức tưởng tượng
132	体(からだ)	body	身体	몸	cơ thể
132	仲よく(なか)	nice to each other	和睦	사이좋게	thân thiện
133	サービス	service	服务	서비스	dịch vụ
134	敬語(けいご)	honorific language	敬语	경어	kính ngữ
134	普通(ふつう)	usual	普通	보통	thông thường
134	表現(ひょうげん)	expression	表达方式	표현	cách thể hiện
134	親(おや)	parent	父母	부모	bố mẹ
134	重たい(おも)	heavy	沉重的	무거운	nặng
134	インターネット	the Internet	互联网	인터넷	internet
134	新製品(しんせいひん)	new product	新产品	신제품	sản phẩm mới
134	情報(じょうほう)	information	信息	정보	thông tin

表現リスト
ひょうげん

Expression list
表达方式列表
표현 리스트
Danh sách các mẫu câu

ページ	表現				翻訳	

Chapter 1

10	すみません	Excuse me	对不起	죄송합니다	Xin lỗi, anh (chị, em) ơi
10	どうぞ	Go ahead / Please	请	자	Xin mời
10	あのー	Excuse me	欸…	그	Anh (chị, em) ơi…
10	どうぞよろしく	Nice to meet you	请多关照（第一次见面时的问候语）	잘 부탁합니다	Rất vui được gặp
10	はじめまして	How do you do?	初次见面（第一次见面时的寒暄）	처음 뵙겠습니다	Xin chào (nói khi gặp nhau lần đầu)
10	そうですか	Is that so?	是吗？	그렇습니까 /그래요	Thế à
10	おいくつですか	How old are you?	多大了？	연세가 어떻게 되십니까 /몇살입니까	Anh (chị, em) bao nhiêu tuổi?
11	いいですねえ／いいですね	It's good, isn't it?	好呀	좋네요 / 좋아요	Tốt quá, hay quá
11	いくらですか	How much is it?	多少钱？	얼마입니까	Bao nhiêu tiền?
12	何歳ですか (なんさい)	How old are you?	几岁了？	몇살이세요	Mấy tuổi?

Chapter 3

18	もしもし	Hello	喂	여보세요	A lô
18	こんにちは	Hello	你好	안녕하세요	Xin chào
18	わかりません	I do not know	我不明白	모릅니다	Không hiểu
18	いいですよ	OK / Sure	可以 / 好的	좋아요	Được thôi
19	じゃあ	Well then	那么…	그럼	Vậy thì…

Chapter 4

22	どうしましたか	What's wrong?	怎么了	무슨일 있으세요	Anh (chị) bị sao thế?
22	それはいけませんね	That doesn't sound good	那可不行啊	그것은 안됩니다	Như thế thì không được
22	大丈夫ですよ (だいじょうぶ)	Don't worry / It's OK	没关系	괜찮아요	Không sao đâu
22	ありがとうございます	Thank you	谢谢	감사합니다	Cám ơn

163

22	お願<ruby>ねが</ruby>いします	Please	拜托了	부탁드립니다	Nhờ anh (chị) giúp đỡ
23	えーっ	Really?	呃…/ 啊…	어?	Hả? Ủa?
23	おやすみなさい	Good night	晚安	안녕히 주무세요	Chúc ngủ ngon

Chapter 5

26	うわー	Wow	哇 -	와우/와	Trời ơi, A...
26	どうですか	What about ~?	怎么样？如何？	어떻습니까	~ thì thế nào?
26	ちょっと……	It is not so good	有点…	조금……	~ thì không tiện
27	よくわかりません	I don't really know	不太明白	잘 모르겠습니다	Không hiểu lắm
28	どうしますか	What should we do?	怎么办呢	어떻게합니까	Làm gì đây? Làm thế nào đây?

Chapter 6

30	こんばんは	Good evening	晚上好	안녕하세요	Chào (buổi tối)
30	いいですねえ	It sounds good	不错啊	좋네요	Hay quá, thích quá
30	どうしましょう	What should we do now?	该怎么办	어떡하죠	Làm thế nào đây?
30	えーっと	Well…	嗯	말하자면	Ừm... (khi suy nghĩ hay do dự điều gì)
31	ありがとう	Thank you	谢谢	고맙습니다	Cám ơn
31	よかった	I'm relieved	太好了	좋았다	Tốt quá

Chapter 7

34	おはよう	Good morning	早上好	안녕	Chào (buổi sáng)
34	どうして？	Why?	为什么	왜?	Tại sao
35	うーん	I don't know / Hmmm	嗯 - (拿不定主意时)	음	Ừm... (khi do dự điều gì)
35	そうですか	Is that so?	这样啊 / 这样吗	그래요/그렇습니까	Thế à!, vậy à
35	そうですね	I agree	是呀	그렇네요	Ừ ha, đúng rồi ha

Chapter 8

| 38 | いらっしゃいませ | Welcome | 欢迎观临 | 어서오세요 | Xin chào |
| 38 | どうぞ、こちらへ | This way, please | 请这边走 | 자,이쪽으로 | Xin mời theo phía này |

38	今(いま)までで一番(いちばん)	Best ever	至今为止最	지금까지 가장	~ nhất từ trước đến nay
39	お誕生日(たんじょうび)おめでとう	Happy birthday	生日快乐	생일축하합니다	Chúc mừng sinh nhật

Chapter 9

43	本当(ほんとう)にありがとうございます	Thank you very much	真的非常感谢	정말로 감사합니다	Thành thật cảm ơn

Chapter 10

46	まだまだです	Not yet	还差得远	아직 멀었습니다/아직입니다	Vẫn chưa tốt
47	がんばりましょう	Let's do our best	加油吧	힘냅시다 /열시히 합시다	Cố gắng lên

Chapter 11

50	もちろんです	Of course	当然可以	물론입니다	Tất nhiên rồi

Chapter 12

54	それで？	Well then?	然后呢？	그래서?	Vậy thì sao? Rồi sao?

Chapter 13

60	あら	Oh	哎呀	어머	A
60	こちらは○○さんです	This is ○○	这位是○○先生	이쪽은○○ 씨입니다	Đây là anh (chị) ....
60	そうそう	yes, yes	对对，是啊，对了	그래그래	Đúng rồi

Chapter 14

64	どうぞ	Please come in / Go ahead	请	자	Xin mời
64	どうしたんですか	What happened?	怎么了	어떻게 된건가요	Bị sao thế?
65	よかったですねえ	I'm glad to hear that	太好了呢	좋았네요	Tốt quá ha, tốt quá nhỉ

Chapter 16

76	すみません	I'm sorry	很抱歉	미안합니다 /죄송합니다	Xin lỗi
79	いっていらっしゃい	Have a safe trip / Take care	您走好	어서오세요	Đi cẩn thận
79	気(き)をつけて	Be careful	小心点	조심하세요	Cẩn thận nhé

Chapter 17

| 83 | いかがですか | How about this? | 怎么样 | 어떻세요 /어떻습니까 | ~ thế nào? |

Chapter 19

| 94 | 久しぶり | Long time no see | 好久不见 | 오랫간만 | Lâu quá không gặp |
| 94 | おめでとう（ございます） | Congratulations | 恭喜 | 축하합니다 | Chúc mừng |

Chapter 20

| 103 | そうそう | That's right | 是呀是呀 | 그래그래 | Đúng rồi |

Chapter 21

107	どうかなー	I'm not sure	怎么样啊 -	어떻을가	Không biết thế nào đây?
108	申し訳ありません	I'm sorry	是在太抱歉了	죄송합니다	Xin lỗi
109	よろしくお願いします	Please treat us well	请多关照	잘 부탁드립니다	Xin nhờ anh (chị) giúp đỡ

Chapter 22

| 112 | もし、よかったら…… | If it's okay with you, ... | 如果可以的话…… | 혹시 괜찮다면 | Nếu như được thì ~ |
| 112 | いいんですか | Is that okay? | 可以吗 | 좋습니가 | Được không? |

Chapter 23

| 118 | お目にかかれてうれしいです | I'm glad to see you | 见到你很高兴 | 뵐 수있어 기쁩니다/만 나뵙게 되어 기쁩니다 | Rất vui được gặp anh (chị) |
| 119 | どうしよう | What should we do? | 怎么办啊 | 어떻게 해야 할까 | Làm thế nào đây? |

Chapter 25

130	少々お待ちくださいませ	Just a moment, please	请稍等一下	잠시만 기다려주십시오	Xin chờ một chút
130	お待たせいたしました	Sorry to keep you waiting	让您久等了	기다리게했습니다	Xin lỗi đã để anh (chị) đợi lâu
130	いかがでしょうか	What do you think?	怎么样、如何	어떻습니까?	~ như thế nào?
131	どうぞ、ごゆっくり	Take your time	请慢慢的 / 请慢点	자,천천히/자,편한히	Xin anh (chị) cứ tự nhiên
132	お帰りなさい	Welcome home	欢迎回来	다녀오셨습니까 /어서 오세요	Anh (chị) đã về rồi

文法リスト

Grammar list
语法一览
문법 리스트
Danh mục ngữ pháp

Chapter 1
〜です／〜じゃありません
[主語]は
ここ（指示代名詞）
[名詞]の[名詞]
か（終助詞）
[名詞]も
それ（指示代名詞）
数字
ねえ（終助詞）
よ（終助詞）

Chapter 2
一人、二人（数詞）
[〜人]で
[場所]へ
[動詞]ました（過去形）
[動詞]ます／ません（ます形）
[場所]から[場所]まで
[乗り物]で
[時]から[時]まで
[人]と
[目的語]を
[場所]で
[名詞]と[名詞]
〜でした（過去形）
〜ではありません（否定形）
[動詞]歩いて（て形）

Chapter 3
[疑問詞]も[否定形]
もう[動詞（過去形）]
まだ[動詞（否定形）]

〜ませんか
〜ましょう
[時間]に
[人]に
[言語]で

Chapter 4
[動詞]ませんでした（過去否定形）
ぜんぜん[否定形]
[名詞]は／が あります／ありません
少し[肯定形]
〜から（理由）
どうして

Chapter 5
[疑問詞]・[助詞]も[否定形]
[名詞]や[名詞]や[名詞]など
形容詞の名詞修飾
一回、二回（数詞）
[数詞]も
〜月〜日
[場所]に
一枚、二枚（数詞）
一つ、二つ（数詞）
一本、二本（数詞）
一個、二個（数詞）

Chapter 6
〜日間
一年、二年（数詞）
います／あります

Chapter 7
[動詞（ます形）] たいです／たくないです
〜と〜と、どちらが〜
どちらも〜
〜の中で、〜が一番〜
[ナ形容詞] でした（過去形）
〜が、（逆接）
〜より
〜のほうが
[イ形容詞] かったです（過去形）

Chapter 8
[動詞（て形）] います（結果の状態）
[動詞（て形）] ください
〜でしょう？
[動詞（ない形）] でください
[動詞（て形）] います（動作の継続）
[動詞（て形）] もいいです
[動詞（ます形）] に行きます

Chapter 9
あまり [否定形]
（て形）、（て形）
[動詞（ない形）] なければなりません
[動詞（て形）] から
[動詞（ない形）] てもいいです
〜ように（例示）

Chapter 10
[動詞（た形）] り、[動詞（た形）] りします
[ナ形容詞] になります
[動詞（辞書形）] ことができます／できません
[動詞（辞書形）] 前に
[動詞（て形）] はいけません
一度も [否定形]
[動詞（た形）] ことがあります／ありません
[イ形容詞] くなります

Chapter 11
普通体・普通形
〜ので（理由）
〜と言います／言いました
[動詞（ない形）] で、
[動詞（て形）] しまいます／しまいました

Chapter 12
[普通形] と思います
[疑問詞] でも
〜と、（条件）
[普通形] とき
名詞修飾

Chapter 13
[動詞（て形）] くれます／あげます／もらいます
〜たら（条件）
[名詞] でも
〜ても

Chapter 14
〜んです
〜と聞きました
可能形

Chapter 15
[動詞（ます形）] ながら
〜し、〜し、
自動詞、他動詞
[自動詞（て形）] います（変化の結果）

Chapter 16
意向形
[意向形] と思います
〜つもり
しか [否定形]
[動詞（た形）] ほうがいい

Chapter 17
[動詞（て形）] おきます（準備）
あの〜（既知）
〜ば（条件）
〜とおりに
〜なら（条件）

Chapter 18
[他動詞（て形）] あります（行為の結果の状態）
[可能形] ようになります
〜かもしれません
〜のを（動詞の名詞化）
受身形

Chapter 19
[動詞（て形）] みます
〜って
[動詞（て形）] くださいます／くださいませんか
〜てくださる
〜かどうか
[疑問詞] 〜か
[名詞] どおり

Chapter 20
〜ために
〜そうになります
〜そうです（様態）
〜そうな [名詞]
〜すぎます
[動詞（ます形）] やすい

Chapter 21
[動詞（て形）] いるところ
[動詞（ます形）] にくい
〜はず
〜さ（イ形容詞の名詞化）
[動詞（た形）] ばかり

Chapter 22 (continued from above)
[動詞（辞書形）] ことがあります
[動詞（て形）] いただけませんか
〜場合（は）
〜そうです（伝聞）
〜のに（逆接）

Chapter 22
[動詞（辞書形）] ことになります
[動詞（辞書形）] ことにします
[使役動詞（て形）] ほしい

Chapter 23
お [動詞（ます形）] します（謙譲）
〜ように（期待）
お [動詞（ます形）] になります（尊敬）
お [動詞（ます形）] ください（尊敬）
[動詞（た形）] ところ

Chapter 24
〜おかげで
命令形
〜によると
[使役動詞（て形）] いただけませんか

Chapter 25
〜れる、られる（尊敬）
使役受身形
〜ちゃった（縮約形）
〜らしい（推量）
〜なくちゃ（縮約形）

著者略歴

上田 美紀（うえだ みき）
中部大学教授　人間力創成総合教育センター 語学教育プログラム（日本語教育）
オハイオ大学言語学研究科修士課程修了

渡辺 民江（わたなべ たみえ）
中部大学准教授　人間力創成総合教育センター 語学教育プログラム（日本語教育）
愛知淑徳大学コミュニケーション研究科修士課程修了

翻訳	英語	渡辺レイチェル	装幀	高橋明香
	中国語	林靖明（国書日本語学校）	DTP	オッコの木スタジオ
	韓国語	李鶴松（国書日本語学校）	本文イラスト	須山奈津希
	ベトナム語	TRẦN CÔNG DANH		

ストーリーを楽しむ！　日本語初級読解
ホワイトさんとティーナさんのお話

2019年　5月25日　初版　第1刷　発行

著　者　上田美紀・渡辺民江

発行者　佐藤 今朝夫

発行所　国書刊行会

〒174-0056　東京都板橋区志村1-13-15
TEL.03-5970-7421　FAX.03-5970-7427
http://www.kokusho.co.jp

印刷　株式会社シーフォース
製本　株式会社村上製本所

落丁本・乱丁本はお取り替えいたします。
ISBN　978-4-336-06364-9

別冊
解 答
Answers

＊自分の意見を答える問題の解答はありません。

Chapter 1 わたしはホワイトです

❓ 考えてみよう　p.12
問題1
❶ b　❷ a　❸ b

問題2 解答例
❶ ホワイトさんは26歳です。
❷ ホワイトさんのカメラは、56,000円です。社員は38,500円です。／ホワイトさんのカメラは、38,500円です。

✏️ ことばと表現　p.13
問題1
❶ わたし（は）キムです。
❷ わたし（は）大学（の）学生です。山田さん（も）大学（の）学生です。
❸ わたし（は）アメリカ人（じゃ）ありません。
❹ これは山田さん（の）かばんです。

問題2
❶ にひゃくごじゅうえん
❷ せんろっぴゃくえん
❸ さんまんはっせんえん
❹ にじゅうきゅうさい
❺ じゅうはっさい

Chapter 2 ホワイトさんの一週間

❓ 考えてみよう　p.16
問題1
❶ c　❷ c　❸ b

問題2 解答例
❶ ホワイトさんは、毎日朝9時から夕方5時まで、働きます。
❷ ホワイトさんは、午前は鈴木先生と日本語を勉強します。
❸ 先週の週末、ホワイトさんとティーナさんは、公園でさくらを見ました。一緒にお弁当を食べました。

✏️ ことばと表現　p.17
問題1
❶ 月曜日（から）金曜日まで働きます。
❷ 一人（で）勉強します。
❸ 山田さん（と）一緒に公園（へ／に）行きます。
❹ 飛行機（で）日本（へ／に）来ました。
❺ スーパー（で）野菜（を）買いました。

問題2
❶ にちようび　❷ げつようび
❸ かようび　❹ すいようび
❺ もくようび　❻ きんようび
❼ どようび　❽ ごぜんしちじ
❾ ごごよじ　❿ ゆうがたろくじ

Chapter 3 ティーナさんのプレゼント

? 考えてみよう　　p.20
問題1
① b　② b

問題2 解答例
① ホワイトさんは、プレゼントにネックレスを買いました。
② プレゼントは15,600円でした。
③ ホワイトさんは、プレゼントと一緒にカードをあげます。

✏ ことばと表現　　p.21
問題1
① わたしは友達（に）プレゼント（を）あげます。
② わたしは先生（に／から）本（を）もらいました。
③ 友達（に）電話（を）かけました。

問題2
① もう、宿題をしましたか。
　——いいえ、（まだ）です。
② もう、昼ご飯を食べましたか。
　——はい、（もう）食べました。
③ もう、田中さんに会いましたか。
　——いいえ、（まだ）です。

問題3
① 会います→会いましょう
② 食べます→食べましょう
③ 勉強します→勉強しましょう
④ 行きます→行きませんか
⑤ 買います→買いませんか

Chapter 4 ホワイトさんの病気

? 考えてみよう　　p.24
問題1
① b

問題2 解答例
① いいえ、ホワイトさんは、午後、仕事をしませんでした。／いいえ、ホワイトさんは、午後、会社を休みました。
② ホワイトさんは、頭が痛いですから。／ホワイトさんは、熱が少しありますから。／ホワイトさんは、かぜをひきましたから。

✏ ことばと表現　　p.25
問題1
① 元気（が）ありません。
② おなか（が）痛いです。
③ かぜ（を）ひきました。
④ アニメ（が）好きです。
⑤ 熱（が）あります。
⑥ 昨日、大学（を）休みました。

問題2
① 何も<u>食べません</u>。
② テレビをぜんぜん<u>見ません</u>。
③ 昨日、少し<u>勉強しました</u>。
④ 去年の誕生日に、何も<u>もらいませんでした</u>。

Chapter 5 ゴールデンウィーク

❓ 考えてみよう　p.28

問題1

❶ c　❷ b

問題2 [解答例]

❶ 京都に古いお寺や神社や公園などがあります。
❷ 京都はきれいな町です。／京都は（とても）有名な町です。

✏️ ことばと表現　p.29

問題1

❶ 一つ・一個　❷ 二本
❸ 三枚　❹ 四人

問題2

❶ 楽しい映画　❷ 元気な子ども
❸ 面白いゲーム　❹ 有名な人
❺ きれいな花

問題3

❶ いちがつついたち
❷ しがつとおか
❸ しちがつじゅうよっか
❹ くがつはつか
❺ じゅういちがつじゅうくにち

Chapter 6 友達のマリアさん

❓ 考えてみよう　p.32

問題1

❶ b　❷ c

問題2 [解答例]

❶ マリアさんのアパートの隣に、コンビニがあります。／コンビニがあります。

✏️ ことばと表現　p.33

問題1

❶ 机（の）上（に）本があります。
❷ ホテル（に）泊まります。
❸ 切符が三枚（×／も／だけ）あります。
❹ 教室（に）学生（が）三人（×／も／だけ）います。

問題2

❶ います　❷ あります
❸ あります　❹ いません

Chapter 7 京都旅行
きょうとりょこう

❓考えてみよう　p.36
問題 1

❶ c　❷ a

問題 2 解答例

❶車のほうが新幹線より（ずっと）安いですから。／車のほうが新幹線より便利ですから。

✏ ことばと表現　p.37
問題 1

❶昨日は天気が<u>悪かったです</u>。
❷去年、富士山に行きました。とても<u>きれいでした</u>。
❸先週、スーパーで野菜を買いました。<u>高かったです</u>。
❹京都でバスに乗りました。<u>便利でした</u>。

問題 2

❶東京へ<u>行き</u>たいです。
❷ずっと日本に<u>い</u>たいです。
❸京都を<u>観光し</u>たいです。
❹日本語の新聞を<u>読み</u>たいです。

問題 3

❶パソコン（ より ）スマホのほうが便利です。
❷コーヒーと紅茶と（ どちら／どっち ）が好きですか。
❸アニメ（ の ）中で（ 何／どれ ）が一番面白いですか。

Chapter 8 ティーナさんの誕生日
たんじょうび

❓考えてみよう　p.40
問題 1　❶ a　❷ b

問題 2 解答例

❶二人はとても雰囲気がいいレストランに行きました。
❷ティーナさんは、今までで一番幸せな気持ちです。（幸せです。）／ティーナさんは、本当にうれしいです。
❸二人は、京都の旅行やコソルさんやマリアさんの話をしました。

✏ ことばと表現　p.41
問題 1

❶朝ご飯を<u>食べ</u>に行きます。
❷忘れ物を<u>取り</u>に帰ります。
❸日本語を<u>勉強し</u>に来ました。

問題 2

❶日本語を<u>教えて</u>ください。
❷危ないですから<u>触らないで</u>ください。
❸もう一度<u>読んでも</u>いいですか。
❹毎朝、音楽を<u>聞いて</u>います。
❺明日、9時に<u>来て</u>ください。
❻予約を<u>変更しても</u>いいですか。

Chapter 9 6時(じ)までに出(だ)してください

❓ 考えてみよう　p.44
問題1

❶ b　❷ b　❸ c

問題2 解答例

❶ ようこさんは、背が高くて、髪が長くて、とてもきれいな人です。そして、親切で優しいです。

✏ ことばと表現　p.45
問題1

❶ 安い＋おいしい→<u>安くておいしい</u>レストラン

❷ 静かな＋雰囲気がいい→<u>静かで雰囲気がいい</u>ホテル

❸ 面白い＋人気がある→<u>面白くて人気がある</u>ゲーム

❹ 親切な＋元気な→<u>親切で元気な</u>店員

問題2

❶ お金を → <u>払わなければなりません。</u>
　　　　→ <u>払わなくてもいいです。</u>

❷ 薬を　→ <u>飲まなければなりません。</u>
　　　　→ <u>飲まなくてもいいです。</u>

❸ 次の駅で
　→ <u>乗り換えなければなりません。</u>
　→ <u>乗り換えなくてもいいです。</u>

❹ 資料を → <u>説明しなければなりません。</u>
　　　　→ <u>説明しなくてもいいです。</u>

❺ 漢字で → <u>書かなければなりません。</u>
　　　　→ <u>書かなくてもいいです。</u>

Chapter 10 初(はじ)めて会議(かいぎ)に出(で)ます

❓ 考えてみよう　p.48
問題1

❶ b　❷ b　❸ d　❹ b

問題2 解答例

❶ ホワイトさんは、明日までに資料を（英語の資料を）読まなければなりません。

❷ ホワイトさんは、明日の会議で、日本語で資料の説明をしなければなりません。／ホワイトさんは、明日の会議で、日本語で資料を説明しなければなりません。

✏ ことばと表現　p.49
問題1

❶ 明日、朝6時に<u>来る</u>ことができます。

❷ 車<u>を運転する</u>ことができます。

❸ 自転車<u>を借りる</u>ことができます。

❹ 荷物<u>を送る</u>ことができます。

問題2

❶ 医者＋なる→わたしは、将来、<u>医者になり</u>たいです。

❷ 便利な＋なる→カードで買い物が<u>便利になり</u>ました。

❸ 安い＋なる→家賃が<u>安くなり</u>ました。

❹ いい＋なる→天気が<u>よくなり</u>ました。

Chapter 11 二人で食事に行きましょう

? 考えてみよう　p.52
問題1

❶ a　❷ c　❸ b

問題2 解答例

❶ホワイトさんは、仕事が終わってから、ようこさんと食事に行きました。／ホワイトさんは、仕事が終わってから、ようこさんとレストランで食事をして、少しお酒を飲んでから帰りました。

ことばと表現　p.53
問題1

❶ 食べる　❷ 飲む
❸ 座る　❹ 調べる
❺ 勉強する　❻ 行く
❼ 面白い　❽ 静かだ
❾ 先生だ　❿ きれいだ

問題2

❶ 食べた　❷ 飲んだ
❸ 座った　❹ 調べた
❺ 勉強した　❻ 行った
❼ 面白かった　❽ 静かだった
❾ 先生だった　❿ きれいだった

Chapter 12 ホワイトさんに会っていません

? 考えてみよう　p.56
問題1

❶ a　❷ b

問題2 解答例

❶ティーナさんは、ホワイトさんと話したいですから。／ティーナさんは、ホワイトさんに会いたいですから。
❷ホワイトさんは、ネックレスを買ったとき、来年、ティーナさんと結婚したいと言いました。

ことばと表現　p.57
問題1

❶ちょっと待って。
❷帰ってもいい？
❸お金を払わなければならない。
❹日本語を勉強している。
❺旅行に行きたい。
❻料理を作ることができる。
❼妹は大学生になった。
❽電車の中で電話をかけてはいけない。

問題2

❶テニスをしている人は誰ですか。
❷昨日、見た映画は面白かったです。
❸復習しなかった問題がテストに出ました。
❹乗りたかった電車に遅れました。
❺友達にもらった本をなくしました。

Chapter 13 一人で清住市へ行きます

? 考えてみよう　p.62
問題1
❶ b　❷ a

問題2 [解答例]
❶ 最近、ホワイトさんの仕事は、本当に忙しくなりました。(毎日、夜10時ごろまで残業しています。)／ホワイトさんは、毎日、本当に忙しいです。日曜日でも、働いています。
❷ ティーナさんは、清住市(清住市の公園)で、ホワイトさんとようこさんに会いました。

✎ ことばと表現　p.63
問題1
❶ 友達にまんがを<u>貸して</u>あげます。
❷ 友達にアルバイトを<u>紹介して</u>もらいます。
❸ 友達がパソコンの使い方を<u>教えて</u>くれます。

問題2
❶ 漢字を<u>覚えて</u>も、すぐに忘れます。
❷ 休みに<u>なったら</u>、旅行に行きたいです。
❸ 映画が<u>始まったら</u>、スマホの電源を切ってください。
❹ このゲームは、<u>子どもでも</u>、簡単に遊ぶことができます。
❺ もう少し<u>軽かったら</u>、買います。
❻ 音楽が<u>よくても</u>、ストーリーが面白くないアニメは、人気がありません。

Chapter 14 友達だと言いました

? 考えてみよう　p.67-68
問題1
❶ c　❷ b

問題2 [解答例]
❶ ティーナさんは、今週、(家で)ずっと、ベッドの中にいました。(います。)／ティーナさんは、今週、何もしていません。／ティーナさんは、今週、仕事(「さくら英会話」)を休んでいます。
❷ コソルさんは、ティーナさんが心配でしたから。／コソルさんは、ティーナさんを心配しましたから。

✎ ことばと表現　p.68-69
問題1
❶ 書けます　❷ 買えます
❸ 話せます　❹ 座れます
❺ 食べられます　❻ 見られます
❼ 来られます　❽ できます

問題2
❶ 買うんです　❷ 座るんです
❸ 食べるんです　❹ 来るんです
❺ するんです

問題3 [解答例]
❶ 日本酒を 飲んだことがあります。／買ったことがあります。(など)
❷ 友達にプレゼントを あげたことがあります。／買ったことがあります。／もらったことがあります。(など)

❸車を 運転したことがあります。／買ったことがあります。(など)
❹日本の音楽を 聞いたことがあります。／演奏したことがあります。(など)
❺友達にお金を 貸したことがあります。／借りたことがあります。／あげたことがあります。／もらったことがあります。(など)

問題4 解答例
❶お金を なくして／忘れて／使って(など) しまいました。
❷約束の時間に 遅れて(など) しまいました。
❸みんなの前で 失敗して／転んで／泣いて(など) しまいました。

Chapter 15 悩んでいます

? 考えてみよう　p.74
問題1
❶ a　❷ b

問題2 解答例
❶二人は、少し暗くて、静かな音楽が聞こえているカフェに行きました。／少し暗くて、静かな音楽が聞こえているカフェです。
❷ホワイトさんは、ティーナさんと日本で結婚したいですから。／ホワイトさんは、ティーナさんと日本で結婚したいから、日本へ来てもらいました。

ことばと表現　p.75
問題1
❶ドアが 開きます。
❷ドアが 閉まります。
❸電気が つきます。
❹電気が 消えます。
❺ガラスが 割れます。

問題2 解答例
❶コーラ／コーヒー／ジュース／飲み物(など) を 飲み ながら映画を見ます。
❷音楽／歌(など) を 聞き ながらジョギングをするのが好きです。
❸歌(など) を 歌い ながら料理を作っています。
❹歩きながらスマホ(など) を使ってはいけません。

Chapter 16 国へ帰ります

? 考えてみよう　p.80
問題1 解答例
❶ティーナさんはようこさんに、アメリカの大学で撮った写真を見せました。
❷いいえ、ティーナさんは、ようこさんに、自分の気持ちをたくさん言えませんでした。／いいえ、言えませんでした。／いいえ、ティーナさんは、自分の気持ちを少ししか言えませんでした。
❸ティーナさんのお母さんは、ホワイトさんの気持ちを確かめたほうがいいと言いました。

ことばと表現　p.81

問題1
① 国へ帰ろうと思っています。
② ホテルを予約しようと思っています。
③ パソコンを買おうと思っています。
④ 図書館で調べようと思っています。

問題2
① 運動したほうがいいです。
② 薬を飲んだほうがいいです。
③ ゆっくり寝たほうがいいです。
④ もう一度確かめたほうがいいです。

問題3 〔解答例〕
① 週末、国に帰る／遊びに行く／映画を見る／たくさん寝る(など) つもりです。
② 将来、先生・医者・エンジニア(など)になる／日本で働く(など) つもりです。
③ 今日、晩ご飯の後で、勉強する／友達と会う(など) つもりです。

Chapter 17　お土産を買いに行きます

考えてみよう　p.86

問題1 〔解答例〕
① あのときは京都旅行のときです。
② マニュアルを見れば、ビデオカメラの使いかたがわかります。／マニュアルを見ればわかります。
③ ビデオカメラが故障したら、インドネシアの会社に電話をします。
④ 店員がとても安くしたからです。／ティーナさんだけ安いからです。

ことばと表現　p.87

問題1
① わたしが言ったとおりにしてください。
② 説明書のとおりに作ってください。
③ あなたが聞いたとおりに書いてください。

問題2
① 9時に来れば、間に合います。
② ボタンを押せば、切符が出ます。
③ もっと軽ければ、買いたいです。
④ 練習すれば、上手になります。
⑤ 成績がよければ、合格できます。

問題3 〔解答例〕
① 友達が家に来ますから、そうじして／料理を作って(など) おきます。
② 明日から旅行に行きますから、準備して／荷物を入れて(など) おきます。
③ 来週、テストがありますから、漢字を覚えて／復習して(など) おきます。

Chapter 18　なぐさめられました

考えてみよう　p.92

問題1 〔解答例〕
① ティーナさんの部屋に、ホワイトさんとアメリカで撮った写真がありました。(はってありました。)
② ティーナさんは、日本でお刺身が食べられるようになりました。／(日本語で)買い物ぐらいならできるようになりました。

❸ このビデオカメラは、マレーシアで作られました。
❹ ティーナさんは家族に会って、とても幸せな気持ち（優しい気持ち）になりました。／ティーナさんは、家族に会って（みんなの顔を見たら）、安心しました。／ティーナさんは家族に会って、なぐさめられました。

ことばと表現　p.93

問題1
❶ 読まれます　❷ 食べられます
❸ 調べられます　❹ 誘われます
❺ 来られます　❻ 心配されます

問題2
❶ 日本語が**話せる**ようになりました。
❷ 車の運転が**できる**ようになりました。
❸ スマホで動画が**見られる**ようになりました。
❹ 新しいソフトが**使える**ようになりました。

問題3
❶ パーティーに**行かない**かもしれません。
❷ 友達は、もう**帰った**かもしれません。
❸ あの店のケーキは**おいしい**かもしれません。
❹ この書類は明日**出してもいい**かもしれません。

Chapter 19　さびしかったんです

？考えてみよう　p.98

問題1
❶ サラさんは結婚していますから。／サラさんは赤ちゃんを抱いていますから。
❷ 田中部長が新しい車を買ったので、ホワイトさんに古い車をゆずってくださいましたから。
❸ ホワイトさんは、コソルさんとマリアさんに、ティーナさんと結婚するかどうか、ちゃんと考えたほうがいいと言われました。
❹ ホワイトさんはティーナさんがいなくて、本当にさびしくなりましたから。

ことばと表現　p.99

問題1
❶ 先生がプレゼントを**くださいました**。
❷ 先生にプレゼントを**いただきました**。
❸ 友達のお母さんが車で連れて行って**くださいました**。
❹ 友達のお母さんに車で連れて行って**いただきました**。
❺ 漢字の読みかたを教えて**くださいませんか**。
❻ 漢字の読みかたを教えて**いただけませんか**。

問題2
❶ 昨日、たこ焼きを**食べてみました**。
❷ お酒を**飲んでみました**。
❸ ピアノを**練習してみます**。
❹ 来週、日本料理を**作ってみます**。

❺先週、初めてパーティーに行ってみました。

Chapter 20 婚活パーティーに行ってみます

❓ 考えてみよう　p.104
問題1
❶ようこさんは、ホワイトさんの気持ちが本当かどうか確かめようと思いました。／ようこさんはホワイトさんの気持ちを確かめようと思いました。
❷ホワイトさんが、ようこさんの気持ちをわかっています。／ホワイトさんが、ようこさんがホワイトさんを好きなことをわかっています。
❸ようこさんは婚活パーティーに行こうと思いました。

📝 ことばと表現　p.105
問題1
❶雨が<u>降り</u>そうです。
❷スマホが<u>壊れ</u>そうです。
❸ボタンが<u>取れ</u>そうです。
❹<u>おいし</u>そうなケーキです。
❺<u>楽し</u>そうに笑っています。
❻<u>親切</u>そうな人です。

問題2 〔解答例〕
❶<u>歩き／走り／働き</u>(など) すぎて、足が痛くなりました。
❷値段が<u>高</u>(など) すぎて、買えません。
❸このゲームは<u>簡単</u>(など) すぎて、面白くありません。

❹この説明書は絵があって、<u>わかり／見</u>(など) やすいです。
❺和楽市は店がたくさんあって、<u>住み／買い物がし</u>(など) やすいです。
❻この服は軽くて、<u>着</u>(など) やすいです。

Chapter 21 洋室にしていただけませんか

❓ 考えてみよう　p.110
問題1 〔解答例〕
❶「アップル荘」のほうが住みやすいですから。／和楽市のほうが住みやすいですから。
❷ティーナさんは、アパートの名前と、和室を一部屋（部屋を一つ）洋室に変えたいです。
❸「アップル荘」の家賃には、管理のお金も含まれていますから。
❹「それ」は、洋室に改装することです。
❺「それ」は、引っ越しの日です。

📝 ことばと表現　p.111
問題1 〔解答例〕
❶昼ご飯を<u>食べた</u>(など) ばかりですから、おなかがいっぱいです。
❷さっき、空港に<u>着いた／来た</u>(など) ばかりです。
❸昨日<u>買った／もらった</u>(など) ばかりなのに、壊れてしまいました。
❹<u>勉強した／覚えた</u>(など) ばかりなのに、忘れてしまって困っています。
❺日本語の勉強を<u>始めた</u>(など) ばかりなので、ひらがなしか読めません。

問題2

❶明日は雨が<u>降る</u>そうです。
❷鈴木さんはパーティーに<u>来ない</u>そうです。
❸鈴木さんはどろぼうを<u>見た</u>そうです。
❹映画は<u>面白かった</u>そうです。
❺電車よりバスのほうが<u>便利だ</u>そうです。
❻鈴木さんはタイ料理を<u>食べたことがない</u>そうです。
❼鈴木さんは小学校の<u>先生だ</u>そうです。

Chapter 22 結婚式の準備
けっこんしき　じゅんび

❓ 考えてみよう　p.115
問題1

❶二人は、結婚式のドレスを鈴木先生から借ります。
❷鈴木先生は、ドレスのサイズが合うかどうか（少し）心配です。
❸田中部長は、パーティーで歌を歌います。
❹ティーナさんは、パーティーのとき、着物を着るつもりです。

✏️ ことばと表現　p.116-117
問題1

❶読ませます　　❷聞かせます
❸取らせます　　❹食べさせます
❺調べさせます　❻誘わせます
❼来させます　　❽心配させます

問題2

❶いらっしゃいます　❷くださいます
❸召し上がります　　❹おっしゃいます
❺ご覧になります　　❻なさいます

問題3

❶部長に言われて、明日、大阪へ<u>行く</u>ことになりました。
❷旅行したいので、<u>アルバイトをする</u>ことにしました。
❸和楽市では、来月から燃えるごみと燃えないごみに<u>分けることになりました</u>。
❹運動不足なので、エスカレーターを<u>使わないことにしました</u>。
❺ホワイトさんは、田中部長に言われて、毎週水曜日、会議に<u>出ることになりました</u>。

Chapter 23 結婚式
けっこんしき

❓ 考えてみよう　p.122
問題1 解答例

❶ティーナさんの家族は、今朝、来ました。／今朝、着いたばかりです。
❷ホワイトさんは、指輪を忘れました。／ホワイトさんの失敗は、指輪を忘れたことです。
❸コソルさんが間に合わない場合は、ホワイトさんは、田中（ご）夫妻か誰かの指輪を借ります。

ことばと表現　p.123

問題1

① 先生の部屋に<u>うかがいます</u>。
② 明日の予定は、もう田中部長に<u>申し上げました</u>。
③ お客様のチケットを<u>拝見します</u>。
④ 明日はずっと家に<u>おります</u>。

問題2

① 少々、<u>お待ちください</u>。
② パスポートを<u>お見せください</u>。
③ こちらにお名前を<u>お書きください</u>。
④ 明日、<u>ご連絡ください</u>。
⑤ 時間がありませんから<u>お急ぎください</u>。

問題3

① わたしが、その荷物を<u>お持ちします</u>。
② わたしが、空室があるかどうか<u>お探しします</u>。
③ 田中部長が、パーティーで歌を<u>お歌いになりました</u>。
④ 鈴木先生は、もう<u>お帰りになりました</u>。
⑤ わたしが、その質問に<u>お答えします</u>。

Chapter 24　新婚旅行（しんこんりょこう）

？考えてみよう　p.127-128

問題1 解答例

① ①<u>そういう意味</u>は、仕事のほうが大切だという意味（こと）です。
② 田中部長が、歌いながら踊りましたから。
③ ホワイトさんとティーナさんは、温泉から富士山が見たいですから。／ホワイトさんとティーナさんは、温泉から富士山が見たいから、「ふじや旅館」に決めました。

ことばと表現　p.128-129

問題1

① 急げ　　　② 来（こ）い
③ 寝ろ　　　④ 言え
⑤ 帰れ　　　⑥ 説明しろ
⑦ 出せ　　　⑧ 待て

問題2

① マリアさんの（おかげで）、京都に泊まることができました。
② 事故の（せいで）、遅れてしまいました。
③ ようこさんの（おかげで）、日本語の資料が作れました。
④ 鈴木先生が貸してくださった（おかげで）、ドレスを着ることができました。
⑤ 友達が落とした（せいで）、カメラが壊れました。
⑥ ホワイトさんが指輪を忘れた（せいで）、コソルさんは大変でした。

問題3 解答例

① パソコンが壊れたので、事務所のを<u>使わせて</u>(など)いただけませんか。
② 漢字を間違えてしまったので、もう一度<u>書かせて／出させて</u>(など)いただけませんか。
③ この資料を家で読みたいので、一枚<u>コピーさせて</u>(など)いただけませんか。

❹友達が入院したので、すぐに 行かせて／早退させて／帰らせて(など) いただけませんか。

Chapter 25 新しい生活

? 考えてみよう　p.133
問題1 解答例
❶・お客に抹茶を出します。／お客に抹茶を用意します。
・好きな浴衣が選べます。
❷左手におちゃわんを置いて、右手で手前に2回回します。3、4回に分けて飲みます。
❸ホワイトさんは浴衣の着かたが覚えられませんでしたから。／ホワイトさんは、浴衣がぜんぜん着られませんでしたから。
❹ホワイトさんは納豆を食べて、意外に大丈夫だと思いました。／「意外に大丈夫だったよ。体にいいらしいし、これから食べようかな」と思っています。

ことばと表現　p.134
問題1
❶お待ちしておりました。
　→待っていました。
❷こちらにお座りください。
　→ここに座ってください。
❸少々お待ちくださいませ。
　→少し待ってください。
❹どうぞ、お召し上がりください。
　→どうぞ、食べてください。

❺お味はいかがでしょうか。
　→味はどうですか。
❻皆様、悩まれますよ。
　→みんな、悩みますよ。
❼お似合いになりますよ。
　→似合いますよ。

問題2 解答例
❶親に嫌いな野菜を食べさせられ(など)て、嫌でした。
❷ピアノの先生に何回も練習をさせられ(など)ました。
❸歌を歌わされる／歌わせられる(など)ので、カラオケは好きではありません。
❹重たい荷物を持たされ／持たせられ／運ばされ／運ばせられ(など)て、手が痛くなりました。
❺部長にインターネットで新製品の情報を集めさせられ／調べさせられ(など)ました。

初版第1刷